大数据与大学生思想政治教育融合发展研究

刘国龙 陈 龙 著

苏州大学出版社

图书在版编目（CIP）数据

大数据与大学生思想政治教育融合发展研究 / 刘国龙，陈龙著 . —苏州：苏州大学出版社，2021.5（2022.1重印）
ISBN 978-7-5672-3553-3

Ⅰ.①大… Ⅱ.①刘… ②陈… Ⅲ.①大学生－思想政治教育－研究－中国 Ⅳ.①G641

中国版本图书馆CIP数据核字（2021）第086565号

大数据与大学生思想政治教育融合发展研究

刘国龙　陈　龙　著

责任编辑　周凯婷

苏州大学出版社出版发行
（地址：苏州市十梓街1号　邮编：215006）
镇江文苑制版印刷有限责任公司印装
（地址：镇江市黄山南路18号润州花园6-1　邮编：212000）

开本 700 mm×1 000 mm　1/16　印张 9　字数 162 千
2021 年 5 月第 1 版　2022 年 1 月第 2 次印刷
ISBN 978-7-5672-3553-3　定价：36.00 元

若有印装错误，本社负责调换
苏州大学出版社营销部　电话：0512－67481020
苏州大学出版社网址　http：//www.sudapress.com
苏州大学出版社邮箱　sdcbs@suda.edu.cn

前言

2015年1月19日，中共中央办公厅、国务院联合印发《关于进一步加强和改进新形势下高校宣传思想工作的意见》，本书基于大数据时代下思想政治教育创新发展需要，旨在通过借助大数据新观念、新技术与新资源，助推大数据时代下高校思想宣传工作与思想政治教育创新发展，切实提升高校思想政治教育的实效性。本书研究为跨学科交叉创新研究，通过将大数据技术与大学生思想政治教育融合，提炼出符合新形势下大数据时代大学生思想政治教育发展的技术方案。因此，本书首先探讨了大数据时代思想政治教育兴起的背景与发展，以"理论—设计—实验—实践"为维度，围绕大学生思想政治教育与大数据技术融合机制开展研究，以"怎么建""怎么用""怎么管""为谁服务"为研究核心，以期提炼出符合新形势下大学生思想政治教育大数据技术运行机制方案。其次探讨了大学生思想政治教育与大数据技术融合机制的基础理论。从教育者、学习者、研究者与宣传思想工作者的实际需求出发，探讨大学生思想政治教育与大数据技术融合机制的内涵与特点，得出思政大数据平台运行机制的目标、价值与作用。再次探讨了大学生思想政治教育与大数据技术融合机制建设的方式与内容。大学生思想政治教育与大数据技术融合机制建设方式主要有信息发布与推送（即数据分析内容组织）、回路信息接收与存储（即数据源采集）、信息数据整理（即大数据冗余、过滤与初步联机分析）、信息数据分析（即通过数据模型进行人机联合分析）、信息数据反馈（大数据分析结果以可视化图表反馈给管理者），呈现了多层次、多步骤与多维度的特性。最后探讨了大学生思想政治教育与大数据技术融合机制进行大数据分析的路径与模式。已有研究表明，大数据分析路径主要依赖于数据库知识发现，因此，大数据分析路径将采用奥尔森模式中聚类与概要事后描述方式，先进行聚类分析，通过发现海量大数据之间的相似性而进行分组聚类，对数据分析出定义问题与选择分类的变量、确定群组数目，做出聚类结果评估与初步结果描述、解释，从而形成基础性树状图结果。然后进行回归分析，利用 SAS、SPAA 软件分析，找到数据之间自变量与因变量关系，得到稳定的数据分析模型。接着搭建高度平行处理的神经网络，通过神经网络将其结合为统一整体。通过录入数据，神经网络可以自动识别、记忆与思考，最终得出数据分析结果。再应用贝叶斯统计方法及 MCMC 算法对思想政治教育大数据分析模型进行模算与检测。大学生思想政治教育大数据分析模式包括目标理解、数据理解、数据准备、建立模型、模型评估、分析发布等六个方面，其中目标理解与数据理解是大数据分析模式的基础，数据准备与建立模型是大数据模式的核心，模型评估保障大数据分析模式的稳定与安全，分析发布是大数据分析模式的作用与影响。大学生思想政治教育与大数据技术融合运行应用机制主要从大学生思想政治教育与大数据技术运行应用机制内容之间的联系、作用与影响，阐述了制定大学生思想政治教育大数据技术运行的应用标准，包括指标核心、数据目标、平台运行体系、使用途径与运行联系等。

  本书在创作过程中，得到了教育部人文社会科学研究基金青年项目基金的大力支持。本书在研究的前期阶段，获得了项目组研究生董君彦、余珮同学的大力帮助，在此表示感谢。由于作者水平有限，本书不可避免地存在不足之处，衷心希望各位专家与读者批评指正。

刘国龙
2020 年 11 月于南湖

目录

1 思想政治教育大数据兴起背景与发展概括 ……… (1)

  1.1 思想政治教育大数据兴起背景 ……………… (1)

  1.2 思想政治教育大数据研究的重要意义 ……… (2)

  1.3 思想政治教育大数据平台架构机理研究的现状 ……… (4)

  1.4 高校思想政治教育大数据平台架构机理研究的目标与价值

    ……………………………………………………… (6)

  1.5 高校思想政治教育大数据平台架构机理研究的思路 ……… (7)

  本章结语 …………………………………………… (11)

2 大学生思想政治教育大数据相关概念 ……… (12)

  2.1 大学生思想政治教育大数据相关概念阐述 ……… (12)

    2.1.1 大数据 ……………………………………… (12)

    2.1.2 大数据在高等教育领域的应用发展 ……… (17)

    2.1.3 思想政治教育大数据化变革发展 ……… (21)

    2.1.4 大学生思想政治教育大数据平台 ……… (29)

  2.2 相关理论基础 ……………………………… (33)

    2.2.1 马克思主义关于人的全面发展学说 ……… (33)

    2.2.2 后现代主义教育观 ……………………… (34)

    2.2.3 高等教育发展阶段理论 ………………… (37)

2.3 大学生思想政治教育大数据平台蕴含的育人价值……………(38)
　　2.3.1 大数据与思想政治教育"三全育人"………………(39)
　　2.3.2 大数据实现高校思想政治教育"三全育人"根本目标
　　　　………………………………………………………(42)
　　2.3.3 基于大数据的高校思想政治教育"三全育人"体系构建
　　　　………………………………………………………(44)
本章结语…………………………………………………………(47)

3 大学生思想政治教育大数据平台架构机理……………(48)

3.1 大学生思想政治教育大数据平台建构背景与目标……………(48)
　　3.1.1 大学生思想政治教育大数据平台建构背景…………(49)
　　3.1.2 大学生思想政治教育大数据平台建构目标…………(54)
3.2 大学生思想政治教育大数据平台架构逻辑……………………(55)
　　3.2.1 数据采集环节…………………………………………(55)
　　3.2.2 数据整理储存环节……………………………………(56)
　　3.2.3 数据分析环节…………………………………………(57)
　　3.2.4 数据运用与安全环节…………………………………(60)
3.3 大学生思想政治教育大数据平台架构机理及关键技术………(62)
　　3.3.1 大学生思想政治教育大数据平台架构机理…………(62)
　　3.3.2 大学生思想政治教育大数据平台关键支撑技术……(65)
本章结语…………………………………………………………(72)

4 大学生思想政治教育大数据分析……………………………(74)

4.1 大学生思想政治教育大数据分析概述…………………………(74)
　　4.1.1 大学生思想政治教育大数据分析发展………………(75)
　　4.1.2 大学生思想政治教育大数据分析方法探究…………(79)
　　4.1.3 大学生思想政治教育大数据分析逻辑模型…………(82)

4.2 大学生思想政治教育大数据语义分析模式 …………………… (87)
    4.2.1 大学生思想政治教育大数据语义分析模式概述 ………… (87)
    4.2.2 大学生思想政治教育大数据语义分析资料构成因素 …… (91)
    4.2.3 大学生思想政治教育大数据语义分析途径模式 ………… (93)
4.3 大学生思想政治教育大数据分析评价体系的构建 ……………… (99)
    4.3.1 区块链助力高校思想政治教育伴随式评价理论基础 …… (99)
    4.3.2 区块链技术助力思想政治教育传统评价范式升华至伴随
          式评价体系的路径 …………………………………………… (104)
    4.3.3 构建基于区块链技术的思想政治教育伴随性评价体系
          ……………………………………………………………… (106)
本章结语 ………………………………………………………………… (110)

5 大学生思想政治教育大数据应用 ……………………………… (112)

5.1 大学生思想政治教育大数据的应用主体 …………………… (113)
    5.1.1 大学生思想政治教育大数据面向学习者的应用 ………… (113)
    5.1.2 大学生思想政治教育大数据面向教育工作者的应用
          ……………………………………………………………… (116)
5.2 大学生思想政治教育大数据应用平台 ………………………… (118)
5.3 大学生思想政治教育大数据应用思政慕课 …………………… (121)
    5.3.1 大数据对思想政治教育慕课的影响 ……………………… (121)
    5.3.2 大数据背景下思想政治教育慕课与新媒介传播效果的
          关系 ………………………………………………………… (123)
    5.3.3 大数据时代下思想政治教育慕课教学设计 ……………… (124)
本章结语 ………………………………………………………………… (130)

结语 大数据并非万能 ……………………………………………… (131)

参考文献 ……………………………………………………………… (133)

1 思想政治教育大数据兴起背景与发展概括

1.1 思想政治教育大数据兴起背景

2013年,全球诸多领域开始与大数据技术相结合,我国也是最早将大数据技术应用于本国各行各业进行探索的国家之一。高等教育领域与大数据技术的结合既是大数据技术应用中的侧重点,又是高等教育领域自我发展的新兴领域。思想政治教育是我国高等教育的重要组成部分,大数据时代的思想政治教育问题研究有其时代必然性要求,而分析符合我国高校思想政治教育要求的大数据平台架构机理是研究的前提与基础。所以,本书从高校思想政治教育大数据平台架构机理研究现状与趋势、运行目标与价值、大数据平台架构机理与特点等方面做深入剖析与研究,以期提炼出符合大数据时代思想政治教育要求的大数据平台架构机理方案。这不仅将有利于增强思想政治教育的有效性与针对性,还将加快大数据时代思想政治教育学科发展的进程,优化大数据时代思想政治教育学科资源,对思想政治教育学科体系完善具有巨大的推进作用。同时,对高校思想政治教育大数据平台架构机理的研究,将提升思想政治教育的研究者与教育者对新技术、新领域的运用与探索能力,这也对思想政治教育工作者的自我完善具有重大推进作用。

2013年,涂子沛的《大数据》一书首次将"大数据"概念系统介绍于国内,开启了中国社会的大数据元年。与此同时,大数据与思想政治教育的结合研究,成为思想政治教育领域专家高度重视的方向。思想政治教育领域中的著名专家开始相应研究,并给予宏观层面的把握与指导,张耀灿教授提出："要制订和运用相关指标体系,对思想政治教育研究范式发展状况实行跟踪式的质性分析……为此,主管部门需要建立专门的数据库。"①胡树祥教授则根据大数据的时代性与技术优势,呼吁思想政治教育领域研究者要高度重视大数据时代思想政治教育的研究问题:"研究大数据的本质特征,确立思想政治教育的数据意识;顺应量化研究的新崛起,创新网络思想政治教育的研究范式。"② 2015年1月19日,中共中央办公厅、国务院办公厅联合印发《关于进一步加强和改进新形势下高校宣传思想工作的意见》(以下简称《意见》),明确要求高校思想政治教育要创新工作理念和方式方法,大数据时代思想政治教育问题成为思想政治教育研究领域的重点与热点问题。思想政治教育的工作者对此问题展开了相应的研究。

1.2　思想政治教育大数据研究的重要意义

知名咨询公司麦肯锡于2011年提出"大数据"概念。大数据具有大量性、多样性、快速性、大价值四个特征,思想政治教育与大数据融合创新问题,受到思想政治教育领域专家的高度重视。《意见》中第四条原则指出:"坚持改革创新、注重实效。准确把握师生思想状况,创新工作理念和方式方法,把解决思想问题与解决实际问题结合起来,不断增强针对性实效性。"③ 2015年8月31日,国务院印发了《促进大数据行动发展纲要》(以下简称《纲要》)。《纲要》专栏四提出:"探索发挥大数据对变革教育方式、促进教育公平、提升教育质量的支撑作用。"④ 这就对思想政治教育的教育者、科研者与工作者在新形势、新条件下提出了新的历史使命与任务。所以,如何利用好大数据带来的新技术与新资源助力高校思想政治教育的新发展,成了思想政治教育领域的新课题与新要求。以上所述,明确了高校思想政治教育大数据平台的架构机理目标在于:一是架构出高

---

　　① 张耀灿,钱广荣.思想政治教育研究范式论纲:思想政治教育研究方法的基本问题[J].思想教育研究,2014(7):9.

　　② 胡树祥,谢玉进.大数据时代的网络思想政治教育[J].思想教育研究,2013(6):60.

　　③ 中共中央办公厅,国务院办公厅.关于进一步加强和改进新形势下高校宣传思想工作的意见[EB/OL].(2015-01-19)[2020-10-27].http://www.gov.cn/xinwen/2015-01/19/content_2806397.htm.

　　④ 国务院.促进大数据行动发展纲要[EB/OL].(2015-09-15)[2020-10-02].http://www.gov.cn/zhengce/content/2015-09/05/content_10137.htm.

校思想政治教育大数据运行实验平台；二是建立高校思想政治教育大数据分析模型与算法，对大学生思想动态进行针对性分析，并通过思想数据之间的联系找出行为相关关系，从而对未来可能会发生的事情做出判断与预测；三是运用高校思想政治教育大数据平台进行数据收集与整理，向高校思想宣传部门与思想政治教育工作者定期提供大数据分析报告，以此促进高校思想宣传工作与思想政治教育整体发展。在此基础上，对高校思想政治教育大数据平台运行的管理体系与制度，以及大数据平台各运行内容之间的关系与作用进行分析、研究与整合，为我国高校的思想政治教育大数据平台提供运行路径和平台系统运行管理思路，最终完善新形势、新条件下的高校思想宣传工作。

在大数据时代，怎样利用好大数据所带来的新思路创新高校思想政治教育学科自身发展？怎样利用好大数据所带来的新技术优化现有的高校思想政治教育资源整合？怎样利用好大数据所带来的新观念使高校思想宣传工作更具有精准性、实效性与针对性？带着这些问题，本书试图通过研究、分析与探讨高校思想政治教育大数据平台架构机理来寻找答案，为我国高校思想政治教育大数据平台挖掘出其实际应用价值。其一，有利于思想政治教育教学创新的开发——以高校思想政治教育大数据平台为基础，深度挖掘大学生的实际教学需求，遵循思想政治教育发展规律，探索有效的方式与方法。利用好大数据资源与技术，改变以往从"理论"回归"理论"的研究范式，建立起从客观样本科学分析数据出发、验证与总结相对应的科学研究范式。确立"理论指导实践，实践完善理论"的科研创新方式，进而提供出更具有社会应用价值的科研成果。其二，有利于思想政治教育学术研究的发展——"人"的多变性导致研究结论常有概括性、模糊性与不确定性。利用思想政治教育大数据库积累被研究者的"数据痕迹"，通过冗余、过滤与分析积累其数据脚印，找出被研究者的思想与行为规律，进而根据研究者需要诊断的群体或是个体思想问题，预测被研究者未来的思想动态与行为，将助推思想政治教育学术研究进入"精准科学"层次。利用好大数据资源与技术能够精准掌握大学生多变多样的思想变化，进而准确分析个体思想变化的成因、过程与结果，揭示其行为形成规律，最终使思想政治教育教学向"精准"式个性化思想政治教育方向转变。[①] 其三，有利

---

① 李怀杰，夏虎. 大数据时代高校思想政治教育模式创新探究［J］. 思想教育研究，2015（9）：51.

于思想政治教育学科资源的优化——思想政治教育学科基础已经形成,学科依托平台已近完善,但存在一定不足,主要是学科资源整合不足、优质资源利用率不高、资源重复建设与浪费屡有发生。因此,高校思想政治教育大数据平台可以统筹掌握学科资源,根据学科发展与学习者的需要,将优化后的学科资源转移分配到急需发展领域,使思想政治教育符合本学科教育规律发展要求。同时,利用好大数据资源与技术能够为教育工作者快速准确掌握大学生多维性思想动态,弘扬与宣传社会主义核心价值观提供科学依据。通过对思想政治教育大数据的积累、分析、评价与预测,高校思想宣传工作将更具有针对性、时效性与科学预测性。

1.3　思想政治教育大数据平台架构机理研究的现状

笔者在中国知网资料检索平台,以"Big Data""大数据""大数据平台""思想政治教育""架构机制""分析机理"等为关键词进行检索,共获取相关文献3 511篇(截至2020年12月31日)。中国知网收录期刊达到7 865种,覆盖收全率达到98.7%,这使得统计工作的误差较小,能够较为准确地掌握我国"大学生思想政治教育大数据平台架构机制研究"的现状。

表1-1　"大学生思想政治教育大数据平台架构机制研究"相关成果统计

年度	2010—2014	2015—2016	2017	2018	2019	2020
文献/篇	232	620	870	732	562	495
比例/%	6.6	17.9	24.8	20.8	16.0	14.1

从表1-1可以得知,我国国内相关研究起步较早,但从2010年至2014年前后5年之间,我国相关研究占比为6.6%,此阶段研究处于缓慢发展期。自2015年以后迅速发展,研究文献总计3 511篇,出现井喷的状态,梳理历年研究成果,主要集中于以下三个方面。

第一,从认知论维度研究。我国学者首先从认识与运用大数据对于当今科学研究的重要意义角度进行诠释。例如,黄欣荣教授认为:"在大数据看来,世间万物皆可表述为数据,数据反映了世界的本质并成了科学认识极其重要的途径。"① 大数据技术的实现,将给科学方法论带来真正的革命。因此,激发和利用隐藏于数据内部未被发掘的价值,可以快速实现教育领域的革新。而后我国思想政治教育的研究者与教育者,则提出将大数据技术运用于高校思想政治教育中,对两者进行深度结合,也同时提高思想政治教育的效果。这要求思想政治研究者与教育者要主动适应大数据时代的要求,把握大数据时代的机遇,勇于改变,迎接挑战,才能永葆思想政治教育的强大生命力。

第二,国外公民教育大数据平台运行的经验及对我国的启迪。国外关于公民教育中思想问题与大数据结合研究,源自 2012 年英国学者舍恩伯格大数据教育理论的提出与研究,之后,该问题一直受到理论界、国际机构(联合国教科文组织、亚洲太平洋经济合作组织等)与各国政府、机构(国家教育统计中心、美国劳工统计局等)的关注,已形成了相应的研究成果。总体来看,这些成果的特色主要体现在以下三个方面。一是教育控制预测论,即通过引入大数据技术去掌控学习者的进度、问题,分析其知识构成与能力程度。同时根据大数据库的积累分析掌握学习者的规律,并预测分流方向,进而制订个性化教育方案。完善大数据监控预测平台将再次激发新型教育资源潜力,开拓教育的新时代。二是数据分析方法论,面对海量的教育数据与个性化教育方案的要求,探索出相应的数据分析方法成为发展的关键。卡耐基·梅隆大学支持研发的 STEM 体系采用 ERWin、Agile Data Modeling、ORM Diagrams、UML Class Diagrams 等成熟教育数据建模制定指标体系、数据分析与表示,并应用于公民教育领域。② 三是全面发展论,即在充分认识了大数据技术对教育产生变革之后同时也认识了人不仅要完善知识,也要完善自身的发展。"教育的最终目的是为造就完善的人。"③ 因此,国外学者开始将大数据应用在心理教育、德育、舆情分析与思想行为等领域,目的在于通过教育培养出全面综合的人。显然,国外学术界并没有"思想政治教育"对等概念,但从学者研究的历史来看,以控制预测观、数据分析观、全面发展观研究教育与公民教育发展的学者,其成果正好支撑大数据时代思想政治教育问题的研究,尽管学者的观念不同,其论点最终聚集于:公民教育大数据平台的内涵、运行方式

---

① 黄欣荣. 大数据对思想政治教育方法论的变革 [J]. 江西财经大学学报,2015 (3):95.
② Hopins Brain. Expand your digital horizon with big data [J]. *Forester*,2012 (9):69.
③ Dwork Cynthia. The high education for big data analysis [J]. *The Communication of the ACM*,2011 (1):41.

与分析模型；大数据如何促进人的全面发展等问题。

第三，对高校思想政治教育大数据平台架构机理及其效果研究。传统的思想政治教育注重道德教化，以情感人，模糊化的东西比较多，利用好大数据的新方法与技术，达到量化分析与个性教育的目的，进而与学习者成为伙伴和互助者的新型思想政治教育模式，这就需要通过树立高校思想政治教育数据新观念、建立高校思想政治教育大数据库、建设高校思想政治教育大数据工作队伍、提供个性化的思想政治教育菜单等一系列途径得以实现。① 特别要同时对数据管理、数据保密、数据标准、数据人才培养等架构机理问题进行研究，以确保为高校思想政治教育大数据平台的合理科学运行保驾护航。因此，思想政治教育部门应建立数据安全防控与应急平台，一方面负责监管数据收集、存储、分析与数据使用者的安防工作；另一方面，应设置数据防御屏障，抵御黑客袭击，防止数据泄露。② 高校思想政治教育大数据平台运行后，最终将为大数据时代下的高校思想政治工作者提供优化的环境、优化的方法与优化的机制等实效性成果。

毫无疑问，对高校思想政治教育大数据架构机理进行研究是我国思想政治教育工作者面临的新课题。尽管已有一些建设性成果，但仍存在一些问题：一是直接借鉴与引入外国的经验，与我国高校思想政治教育大数据特点结合不深；二是较多成果停留于对思想政治教育大数据架构机理的内涵、重要性或紧迫性上的探讨，对于大数据架构机理的内容建设、相互关系、大数据平台架构机理研究有待深入；三是大多数学者采用定量定性分析探讨问题；四是缺乏具体细化的思想政治教育大数据架构机理方案与大数据分析实证研究，缺乏对如何利用大数据支撑高校思想宣传工作的系统性与微观性思考。

1.4　高校思想政治教育大数据平台架构机理研究的目标与价值

本研究基于大数据时代下高校思想政治教育发展的实际需要，以中共中央办公厅、国务院办公厅印发的《关于进一步加强和改进新形势下高校

---

① 王海建. 大数据时代与高校思想政治教育的实效性 [J]. 高校辅导员学刊，2014（8）：40.

② 胡子祥，余姣. 大数据载体给思想政治教育带来的伦理挑战及对策 [J]. 思想政治教育研究，2015（5）：86.

宣传思想工作的意见》为主导，旨在通过借助大数据的新观念、新技术与新资源助推大数据时代下高校宣传思想工作与思想政治教育工作的新发展。因此，研究大学生思想政治教育大数据平台架构机理是发展的关键与基础。在借鉴国内外现有丰富的普遍性研究结果基础之上，探讨架构大学生思想政治教育大数据平台的核心因素：首先，要探究出大学生思想政治教育大数据平台的数据采集与内容构成方式；其次，要在大学生思想政治教育大数据平台的数据资料基础上，总结与探索出数据分析模型与数据应用模式；最后，大学生思想政治教育大数据平台中的数据安全与运行十分重要，关系数据安全与隐私，因此，梳理出大学生思想政治教育平台的决策与管理原则也是重中之重。在此基础上，对大学生思想政治教育大数据平台架构的各个因素之间的相互关系、作用与运行机理进行分析与研究，为大学生思想政治教育大数据平台建设提供思路，进而支持新形势、新条件下的高校宣传思想工作。上述明确了高校思想政治教育大数据平台的架构机理目标在于：一是架构出实效性高校思想政治教育大数据运行实验平台；二是建立高校思想政治教育大数据分析模型与算法，对大学生思想动态进行针对性分析，并通过思想数据之间的联系找出行为相关关系，从而对未来可能会发生的事情做出判断与预测；三是运用高校思想政治教育大数据平台进行数据收集与整理，向高校思想宣传部门与思想政治教育工作者定期提供大数据分析报告，以此促进高校思想宣传工作与思想政治教育整体发展。在此基础上，对高校思想政治教育大数据平台运行的管理体系与制度，以及大数据平台各运行内容之间关系与作用进行分析、研究与整合。

1.5 高校思想政治教育大数据平台架构机理研究的思路

大学生思想政治教育大数据平台架构机理为跨学科应用型研究，应秉持"理论—设计—实验—实践"的架构思路，以思想政治教育学理论、网络信息学、计算机大数据学与统计分析学为理论先导。大学生思想政治教育大数据平台架构机理将围绕"怎么建""怎么用""怎么管""为谁服务"为架构核心，并以相应实证研究作为验证根据，以期提炼出符合新形势的高校思想政治教育大数据平台架构机理构建方案。

第一，确定大学生思想政治教育大数据平台架构机理的基础理论。从教育者、学习者、研究者与宣传思想工作者的实际需求出发，探讨大学生思想政治教育大数据平台架构机理的内涵与特点，得出大学生思想政治教育大数据平台架构机理的目标、价值与作用。同时，既要有良好的理论基础，也要把握好架构机理的原则，即党的领导原则、思想政治教育原则、一元与多元共享原则、决策与管理原则、使用与发展原则、引导与过滤原则。①

第二，明确大学生思想政治教育大数据平台的领导与管理。在弘扬社会主义核心价值观的今天，高校思想政治教育大数据平台的有效架构机理成为高校宣传思想工作的新力量、新载体与新工具，可以发挥以下几个方面的功能：一是充分认识到党在高校宣传思想工作中的领导与决策核心地位；二是发挥高校思想政治教育大数据平台的宣传影响力，突出高校思想宣传工作的作用；三是利用好高校思想政治教育大数据平台的舆情监测与分析功能，大力提高舆论引导力，加强互联网舆论管理；四是通过管理好高校思想政治教育大数据平台，有效弘扬社会主义核心价值观，从而更好地为高校宣传思想工作服务。

第三，架构大学生思想政治教育大数据平台建设的方式与内容。大学生思想政治教育大数据平台建设方式主要有数据分析内容组织、数据源采集、信息接收与存储、大数据冗余、过滤与初步联机分析、数据模型的人机联合分析，最后将大数据分析结果以可视化图表方式反馈给决策管理者，呈现了多角度、多步骤与多层级的特性。在移动互联网快速发展的今天，在数据源采集上开发出移动终端 App 适应大学生需要，保障取样基数最大化。大数据平台建设内容方式包括思想政治教育内容介入、党政宣传内容介入、舆论平台与舆情分析介入、思想心理干预与监控介入等。大学生政治教育大数据平台架构机理包括分析、控制与反馈机制，引导、协调与整合机制，防范、扩散与教育机制，宣传、管理与决策机制。

第四，探讨大学生思想政治教育大数据平台分析的路径与模式。已有研究表明，大数据分析路径主要依赖于采集与储存数据库数据挖掘，因此，大数据分析路径将采用奥尔森模式中聚类与概要事后描述方式。首先，进行聚类分析，通过发现 AHP 法确定各分类数据目标权重，再对海量大数据之间的相似性进行分组聚类，对数据进行过滤后将进入四阶分层数据分类环节，将数据分析出定义问题与选择分类的变量、确定群组数

---

① 梁剑宏. 大数据时代思想政治教育环境新论[M]. 北京：光明日报出版社，2015：248.

目，做出聚类结果评估与初步结果描述、解释，从而形成基础性树状图结果。其次，进行回归分析，利用 SAS、SPAA 软件分析，找到数据之间自变量与因变量关系，得到稳定的数据分析模型。再次，搭建高度平行处理的神经网络，通过神经网络将其结合为统一整体，采用数据比较判断矩阵得出冗余数据离散值，聚类分析与 CNN 卷积神经网络将核心数据结合为统一整体。通过录入数据，神经网络可以自动识别、记忆与思考，最终得出数据分析结果。再应用贝叶斯统计方法及 MCMC 算法，对思想政治教育大数据分析模型进行模算与检测。大数据平台分析模式包括目标理解、数据理解、数据准备、建立模型、模型评估、分析发布等六个方面，其中目标理解与数据理解是大数据分析模式的基础，数据准备与建立模型是大数据模式的核心，模型评估保障大数据分析模式的稳定与安全，分析发布是大数据分析模式的作用与影响。①

第五，厘清大学生思想政治教育大数据平台架构机理的相互作用。主要包括大学生思想政治教育大数据平台架构机理内容之间的联系、作用与影响。阐述制定大数据平台运行标准，包括指标核心、数据目标、平台运行体系、使用途径与运行联系等，进而通过多元化的大数据分析对高校思想政治教育学科教育方式转变发生的作用，对思想政治教育学科科研的影响，对思想政治教育学科优化资源与经济价值的影响及作用，对思想政治教育决策与管理的影响及作用，最终为提出大数据时代高校宣传思想工作的目标、核心问题与对策，推进高校宣传思想工作发展服务（图 1-1）。

综上所述，大学生思想政治教育大数据平台架构机理在马列·科社学科指导下，围绕大数据与思想政治教育创新这对概念，将思想政治教育与大数据相结合，研究大学生思想政治教育大数据平台建设、运用与管理等整体架构机理，极具自身独特性。首先，从大数据角度能更为全面与透彻地认识思想政治教育对象及其思想动态，充分体现以学生为本的教育思想。大数据分析可以准确地认识其思想动态，并通过深度挖掘预测其未来行为，从而进入精准科研。其次，采用大数据分析模式解读个体思想，构建思想政治教育大数据分析模型，从数据理解角度探讨个体思想与行为规律。大学生思想动态存在数据量大、不确定性高与碎片化严重等特点。最

---

① Brian Evelson. Research on high education of big data system of the entrepreneurial and innovational capability [J]. *The Communication of the ACM*，2014（6）：19-32.

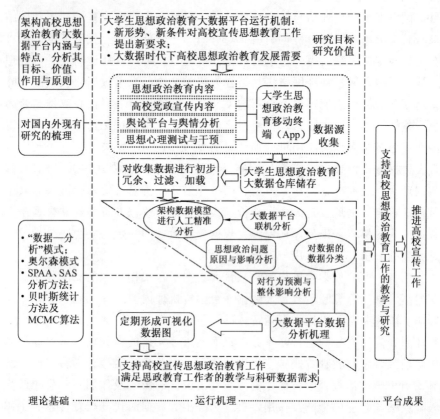

图 1-1　高校思想政治教育大数据架构机理示意图

终采用以"目标层—采集层—准则层—方案层"四级逐层数据分类,采用比较判断矩阵为特点的多维度反馈数据分析模型进行精准分析与预测。再次,采用"互联网+"时代下移动终端 App 采集数据方式,体现显性与隐性统一。贴合大学生实际喜好,有效激发大学生参与热情。最后,通过与思想政治教育科研、舆情与心理实验模块结合互动,整体提升思想政治教育科研质量,为高校宣传工作提供客观科学依据。

本章结语

大学生思想政治教育大数据平台架构机理的研究是典型交叉学科的创新研究，因此，需要结合数据统计学跨学科研究。借鉴计算机科学、大数据统计与分析学等相关学科理论与成果，将有助于思想政治教育研究与教育范式转变。在开展大学生思想政治教育大数据平台架构机理研究的同时，要树立宏观与微观相结合、具体与一般相结合的观念，也要理论研究与实证研究相结合，克服学界研究成果中多理论指导、实证研究不足的问题，这样才能构建出具有实效性的大学生思想政治教育大数据系统平台，才能对大学生的思想政治教育变化、分析与预测进行精确掌握，达到完善高校思想政治教育的目的，最终推进高校思想政治宣传工作。

2 大学生思想政治教育大数据相关概念

2.1 大学生思想政治教育大数据相关概念阐述

大数据（big data）是近年来非常具有热度的技术名词，本意指数量太多、产生或更新速度太快、内容太复杂，而难以用人工处理的大规模数据。随着科技发展、信息装置普及和互联网使用的盛行，每分每秒都出现各式各样的数据，大数据一词也涉及处理这些数据所需的科技及应用。[①]

2.1.1 大数据

1970年，著名的未来学家阿尔文·托夫勒在他的第一本畅销书《未来的冲击》中，就对大量数据、非结构化数据、信息通道和信息过载有了惊人的预测，他指出，大量的"人工编码信息"将代替自然信息，充斥人们的生活，同时又拥有惊人的准确度。但这时的大数据只是在一些特殊行业小范围的应用，对社会的影响力有限。1997年，美国太空总署的两名工程师Cox和Ells Worth为了解决空气动力学问题，将解决此问题的难度归结为"大数据"，并且明确无误地阐述了大数据的以下关键词：分布、远程、大量信息、可视化和处理。这些关键词至今仍是大家引用"大数据"时经常用到的概念。大数据概念的真正兴起是在2008—2012年。2008年9月4日《自然》（Nature）刊登了一个名为"Big Data"的专刊，首次提出"大数据"概念，该专辑对如何研究PB级容量的大数据流、目前正在制定的、用以充分地利用海量数据的最新策略进行了探讨。2011

[①] Andreu-Perez J, Peen CCY, Merrifield RD: big data for university [J]. IEEE J Domed Education Inform, 2018 (5): 1195.

年5月,EMC举办了主题为"云计算相遇大数据"的大会,首次抛出了"大数据"的概念。紧随其后,IBM、麦肯锡等众多国外机构发布了"大数据"的相关研究报告,2011年6月麦肯锡全球研究所发布研究报告——《大数据的下一个前沿:创新、竞争和生产》(Big Data:The Next Frontier for Innovation,Competition and Productivity),首次提出"大数据时代"来临。此后,联合国"全球脉冲"(Global Pulse)计划发布《大数据开发:机遇与挑战》报告,阐述了大数据带来的机遇、主要挑战和大数据应用。2011年和2012年达沃斯世界经济论坛将大数据作为专题讨论的主题之一,发布了《大数据、大影响:国际发展新的可能性》等系列报告。全球知名的咨询公司如麦肯锡、Gartner和知名信息化企业如IBM等作为大数据的推崇者,更侧重于从技术层面界定大数据。2011—2013年,Gartner发布了多个与大数据有关的白皮书,如"Hype Cycle for Big Data,2012",定义了大数据的技术生命周期,报告中指出,大数据不只是一项单一的技术,而是一个概念,是一套技术。《互联网周刊》则认为,"大数据是通过对海量数据进行分析,获得有巨大价值的产品和服务,或深刻的洞见,最终形成变革之力"[1]。

一般来说,大数据的处理程序包含取得、储存、分享、分析、检索、决策等步骤。在处理大数据的过程中,有所谓的四种技术性考察:容量(volume)、时效性(velocity)、多样性(variety)、价值性(value),合称4V。[2] 除此之外,亦有学者提出准确性(veracity)、效度(validity)、挥发性(volatility)、变异性(variability)等其他方面界定或是思考。

容量(volume),指的是数据量的大小。大数据基本的特征就在于其庞大的数据量。全美的高等教育数据系统在2013年时,数据容量已达150 exabytes(艾字节),且随着社交媒体、穿戴装置、视频串流、感测器(sensors)的发展,文字、图像等多种媒体的数据,仍在持续地快速增长。庞大的容量意味着储存设备与计算复杂度的挑战。大数据的规模是以TB和PB来计算的,基于电脑的数据储存和运算是以字节(byte)为单位的,1KB(KiloByte)=1 024B,又称千字节;更高级的数量单位分别是1MB

---

[1] 唐斯斯,杨现民,单志广,等. 智慧教育与大数据[M]. 北京:科学出版社,2015:111.

[2] Brandy Feldman,Mason E. Martin,Thompson Skotnes. Big data in education care hype and hope [J]. Dr. Bonnie 360. 2012. http://www.west-info.eu/files/big-data-in-healthcare.pdf. / Accessed. August 16,2019.

（MegaByte，兆字节）、1GB（GigaByte，吉字节）、1TB（TeraByte，太字节）、1PB（PetaByte，拍字节）、1EB（ExaByte，艾字节）、1ZB（ZettaByte，泽它字节）和1YB（YottaByte，尧它字节），每个单位之间的运算关系是乘以1 024。① 截至2018年，美国几乎所有部门中每一个雇员数量在1 000人以上的企业所存储的数据平均值至少为600TB，这个数据是美国零售商沃尔玛2019年的数据仓库的9倍。在很多经济部门中，每个企业平均存储数据超过1PB。欧洲的组织2018年存储容量总计接近87EB，大约为整个美国存储容量（16EB以上）的70%。全球企业2018年在硬盘上存储了超过17EB的新数据，消费者在电脑固定终端和笔记本电脑等设备上存储了超过16EB的新数据，而1EB数据就相当于美国国会图书馆中存储数据的4 000多倍。② 数据容量增长的速度大大超过了硬件技术的发展速度，以至于引发了数据存储和处理的危机。大量的数据会被处理掉，比如医疗卫生提供商会处理掉他们所产生的90%的数据；比如在手术过程中产生的几乎所有实时视频图像；等等。因此，大数据的主要价值是提高处理大量信息的能力，拥有更多的数据，代表着将有更佳的分析预测模型出现。许多组织应用大数据来存储各种大量的数据，如社交网站数据、医疗保健数据、商业财务数据、生物化学和遗传学数据及天文数据等。这些大量的数据让人们可以更进一步地了解、掌握许多现象背后的道理及原因。

时效性（velocity）指的是数据产生的速率及数据应被分析的速度。每天都有大量的新数据不断涌现，除了有效率地储存、运用这些新数据外，反应速度也是大数据技术的另一发展重点。智能型手机和感应器快速的增长与普及，使得数据以前所未有的速率在增加，并需要运用越来越多的即时分析来支持决策。例如，沃尔玛每小时要处理超过一百万笔数据的交易。从移动设备和智能型手机App所产生的即时信息及日常作业活动所产生的数据资料，提供有关消费者日常行动的地理空间位置、人口统计的数据和以往商品的购买模式，以上所提的数据如果可以进行即时分析，就可以创造出很高的价值。例如可以从社交网站的留言内容中，发掘出网络舆情的传播趋势，或是穿戴式装置可以随时监测使用者的心跳、血压等

---

① 杰里米·里夫金. 第三次工业革命：新经济模式如何改变世界[M]. 张体伟，孙豫宁，译. 北京：中信出版社，2012：255.

② Brian Miller. The price of higher education：how rational is British tuition fee policy？[J]. *Journal of Higher Education Policy and Management*，2020，110（1）：95.

信息，一旦侦测到异常状况，便能立即警示使用者紧急处置，防止更严重的伤害发生。然而，这样的应用软件必须建立在信息系统的即时性上，如果处理数据的流程有太多延迟，从接收到响应的间隔（latency）太长，则无法在黄金时间介入危机，会失去大数据的时效性优势。

如果只有数据的数量庞大这一主要原因，目前的许多统计分析技术仍然可以处理。然而，大数据不只是大。海量数据引发的危机并不单纯是数据量的爆炸性增长，还牵涉到数据类型的改变，也即多样性（variety），让大数据变得更有价值的是这些数据并不具有固定的模式，很少能以有次序的排序方式来呈现，并且很难规格化成为已经准备好的数据以便进一步进行数据分析处理。这样的数据可以是被高度结构化的，例如关联式数据库中的数据，表现多为半结构化，例如网络日志、社交媒体、从感应器直接产生的原始数据、电子邮件等；表现为非结构化，例如视频、图像、声音档案及鼠标按键 Click 的即时复制等。传统的计算机数据都可以用二维表结构存储在数据库中，如常用的由 Word、Excel 软件所处理的数据，这种结构化数据占据互联网发展前期。但是现在，更多互联网或是移动互联网多媒体应用的出现，使诸如图片、声音和视频等非结构化数据占到了很大比重。IBM 公司的海瑞德分析报告就指出，大数据的多样化是指在一个数据集结构的异质性。技术上的进步使得各类结构化、半结构化和非结构化数据都可以被收集，因此，如何充分利用不同格式的数据来创造价值，就是个很大的挑战。像文字（text）、图像（image）、音频（audio）及视频（video）等非结构化数据，传统的计量分析方法很难发挥效果，需要利用机器学习或人工智能的方法进行分析。有统计显示，我国结构化数据增长率大概是每年 32%，而非结构化数据增长率则是每年 63%，预计至 2022 年，非结构化数据占有比例将达到互联网整个数据量的 87% 以上。用于产生智能价值的大数据，往往是这些非结构化数据。①

价值性（value），除了大数据的数量等特性之外，对大数据的分析是很重要且耗费资源的工作，很多人认为更重要的是要能够通过对大数据分析去创造价值。IBM 认为，大数据分析要能够借由高速捕捉，在设计时即采用经济的方式从大量的各种各样的数据中截取价值。因此，界定大数据的价值可分为两类：一是分析用途价值，更换或是支持人类决策、发现需

---

① 中国互联网络信息中心．中国互联网络发展状况统计报告［R/OL］．（2019-01-20）[2020-08-16]．http://www.Cac.Gov.Cn/2019-02/03/c-1114222357.htm.

求、人口分群以确定未来行为活动;二是实现新的商业模式价值、产品和服务。一般认为,大数据的特性常常是相对"低价值密度",即以原来的形式收到的数据,通常与其模式或是行为进行比较,数据的相对价值表现为低值性强的特点。因此,对大数据有效分析可以提高这些原始数据的自身价值,得到一些高价值的数据资源。但同时,业界大多数人认为价值性虽然是大数据的一个属性,但是也要关注到一些数据来源的不可靠性问题。例如,由社交媒体的发言可以判断当事人的情绪,虽然数据和判断可能是不精确的,但是这些数据包含一定价值的信息,如人的情感与情绪因素等。口碑分析就是这样的一个例子。例如 2017 年百度利用百度应用商店的口碑分析,发现消费者口碑对手机上的 App 下载排名有显著的影响。因此,要处理这些不精准数据的数据分析也是大数据的一个价值性体现。①

总而言之,根据大数据四个维度属性的决定,现有大数据架构由三项主要技术趋势汇聚组成。一是海量交易数据:在从 ERP 应用程序到数据仓库应用程序的在线交易处理(On-Line Transaction Processing,OLTP)与分析系统中,传统的关系数据及非结构化和半结构化信息仍在继续增长。随着运用数据主体将更多的数据和业务流程移向公共和私有云,这一局面变得更加复杂。二是海量交互数据:这一新生力量由源于 Facebook、Twitter、Weixin 及其他来源的社交媒体数据构成。它包括了呼叫详细记录[Call Detail Record (ing)]、设备和传感器信息、GPS 和地理定位映射数据、通过管理文件传输(Manage File Transfer)协议传送的海量图像文件、Web 文本和点击流量数据、科学信息、电子邮件等。三是海量数据处理:大数据的涌现已经催生出了设计用于数据密集型处理的架构,例如具有开放源码、在商品硬件群中运行的 Apache Hadoop。Hadoop 是一种以可靠、高效、可伸缩的方式对大量数据进行分布式处理的软件框架。它的可靠性在于提前假设计算元素和存储会失败,因此,它维护多个工作数据副本,确保能够针对失败的节点重新分布处理;高效性则表现在它以并行的方式工作,通过并行处理加快处理速度。Hadoop 还是可伸缩的,能够处理 PB 级数据。② 此外,由于 Hadoop 依赖社区服务器,因此,

---

① 佚名. 大数据[EB/OL]. (2017-12-30)[2020-01-20]. http:/baike. Baidu. Com/subview/6954399/13647476. htm? Fr=aladdin.

② King·I. Christoffels, de Mountain·A. Haan, Lauren Steenbergen, et al. Two is better than one: bilingual education promotes the flexible mind [J]. Psychol Res 2014, 2016(8): 1196.

它的成本比较低,任何人都可以使用。对于企业来说,难题在于以具备成本效益的方式快速可靠地从 Hadoop 中存取数据。美国亚马孙公司是 Hadoop 较为知名的用户之一。通过 Hadoop,类似脸谱的社交网站和类似国内淘宝网的商业网站实现了"推荐你可能认识的人""可能想读的书""可能喜欢的商品"等服务。

2.1.2 大数据在高等教育领域的应用发展

近些年来,大数据技术越来越成熟,在高等教育领域的应用也越来越多样,其让学习者、教学者与高校行政管理者有了全新的体验与改变的成果。以可汗学院(Khan Academy)为例,当前的大数据时代,将带来教与学双重教育主体活动的创新,高校运行管理、课程设计与实施、教学内容运行都能够转变为高度教育大数据的数据源,透过高等教育大数据收、存、取与用等四大步骤,将结果实际应用至本来的教与学中改善并与之强化。传统的学习、讲授与教育政策管理都是以由上而下的方式为主,在这一过程中,最上层的决策管理层也会自行搜集数据或由自愿的学习者、家长或教学者来提供建议,进而纳入决策之参考。从高等教育大数据观点来看,以往的做法用来帮助做出决策数据的规模、多样性、获取性、即时性与价值性是否真的足够呢?在当下,这确实成为一个令人深思的问题。

从高等教育大数据分析的方法论中的学习分析的角度来看,高等教育大数据能够加强数据搜集与学习活动分析的自动化,理解高等教育大数据分析所发现的各种问题,可以帮助我们找到对学习者、教学者与行政管理者可实际应用的解决方法。未来科技的持续进步将有助于搜集到更多种类的存储数据,并运用在学习分析中,对于所得到的结果可提供更全面的数据解读参考依据。同时,未来的数据储存技术也会持续优化,所有的高等教育大数据也会随之以更先进与安全的方式存取,例如基于教育内存块链(Educational Block Chain)的智慧学习信息储存系统(Kudos)。内存块链的技术让每个人都可以记录别人的学习过程,通过多个节点共同记录参与学习数据的产生和记录并且互相验证。系统也能够定期选择优秀记录者,把其记录的学习过程存储在一个内存块(block)中,系统确认后把该学习记录链接发送给所有人,通过反复地确认程序与技术,系统中每人都有保持高度一致性的学习记录数据,其特性包含学习信息储存去中心化、学习信息可靠性(reliability)—学习网络节点均等化(permission less)、学习网络节点隐私性（anonymity）—学习轨迹集体维护（collectively maintenance）与学习网络运作开放性（openness）等方面。①

  由于各项资料收集技术的持续发展与完善，未来的学习将更凸显无所不在与高度情境脉络化（omnipresent and highly contextual learning）等特性，学习将无缝地融入日常生活中，这种高度的身临其境将带来自然、无须刻意，且与日常生活紧密相连的主动学习，同时当高等教育大数据进入内存块链中的时候，未来将是更精准、更精细化，且高度共享的学习服务时代。高等教育大数据为人类提供了一个未来教育的美好愿景，可以预期将会有越来越多的学习者、教学者与教育组织的行政管理者拥抱大数据教育。除了各项学习科技所带来的好处外，另一个考察则是高等教育大数据所带来的应用价值也越来越高。对于学习者来说，高等教育大数据带来的一个最明显的好处就是能够为学习者提供更完善的适性化学习。每一位学习者的学习偏好、个性、经历等个人特质（characteristics）皆有所差异，不能够单单使用全体学习者的成绩平均数来评量与断定一位学习者的学习成效与结果。如果没有高等教育大数据，一个在传统使用小量数据的学习体制下的学习者，很可能因为某个科目一段时间的不理想成绩，而直接被视为不适合学习此科目或学习者自己有可能最终就放弃此科目。但造成成绩不理想的原因也有多种，如为了让教育体制方便在一个班级或学校中实施，目前学习环境大多是为了中等程度的学习者而设计的。无论是学习者自己或是教学者，都比较难在有限时间内找出个别学习者的学习障碍发生原因。当前的适性化学习者辅助机制，多数基于既有教育理论与策略，并搭配侦测或感知学习者学习特质的学习科技而实施，未来若能够透过大数据的角度来解读与诠释每一位学习者的学习过程，便能将每一位学习者的学习特质与教育内存块链上的大量学习者比对，找出特质相同且又能够有效提升其学习的辅助机制。对于教学者来说，透过高等教育大数据的方式来了解每一位学习者的学习障碍与课程设计后实施的效果，能够进一步协助教学者更好地进行教学。

  另外，通过高等教育大数据分析，现今比较难以达成的教学者职业生涯成长也可能实现。以新进学校教师为例，除了各项行政、服务与教学外，职称升迁等也是职业生涯过程中必经也必做的一件事，当中包含各项

---

① 高书国.教育指标体系：大数据时代的战略工具[M].北京：北京师范大学出版社，2015：159.

复杂的升迁等指标需要考虑，但对一位新进教师而言，如何在一个新环境中利用有限的时间，来规划自己的升迁方式和更有效率地完成升迁等所需要达成的指标呢？或许高等教育大数据的应用可以解决这一问题。将自己当前所具备的条件与优势，应用高等教育大数据来与资深教师的职业生涯历程做交叉分析，尝试找出较适合自己的未来职业生涯发展规划。而对于教育组织行政管理者来说，可汗大学通过对全美100多所本科教务与学情的大量资料交叉分析，发现大一新生往往都有数学程度欠佳的问题，而且竟然有达33 070名新生最终会中途辍学，但自从2009年开始采用适性化学习系统后，短短两年的时间，新生的及格率竟然从64%上升至75%，中途辍学比率也下降了近乎50%。① 也因为有了高等教育大数据的帮忙，一些以往难以即时发现的议题，可以通过定期的分析，能够有更早期的预警或提出更可行的解决方案供决策管理者参考。学校在未来也势必会成为高等教育大数据的一个基石。从行政管理角度来看，每所学校彼此的竞争，将不再只是限于现有的世界，或是本地大学排名，或是最高教育当局的自办评鉴分数高低，而是必须呈现每所高校运用高等教育大数据来提升学习者学习成效的能力，进一步证明高校自身的独特性与价值。

  在高等教育大数据发展和实践方面，更多现今尚未思虑周全的方向，在未来也必须同时进行思考，比如学习分析时产生的数据隐私和道德层面问题对于被分析者是否会产生负面影响，甚至扼杀被分析者未来发展的可能性，等等。当前人们所研究的高等教育大数据与其所呈现的正面应用成果，展现出了高等教育大数据未来发展的潜质与美好的愿景。但是，当高等教育大数据的实际应用越来越多时，也有必要深入思考：在这美好成果的背后，高等教育大数据是不是也有其副作用呢？比方说，美国可汗学院有一项专门提供给贫困家庭的学习者的暑期数学课程，曾有一位学习者在几乎整个暑期课程中，数学成绩非常不理想。如果根据高等教育大数据的分析，这位学习者将可能被认为不适合学习数学科目，换句话说，这位学习者在数学这个科目的发展潜质相较其他多数学习者是偏低的。但实际上这位学习者在暑期课程即将结束时，对于数学科目的掌握程度越来越熟练，可以说是终于开窍了，数学成绩也步入佳境，越来越好。到了课程结束之时，这位学习者竟然成了全班第二名，相较课程前期得分高于此位学

---

① 杜恩龙. 翻转课堂：萨尔曼·可汗的教育主张 [N]. 中华读书报, 2015-03-25 (22).

习者的人而言,他对于数学科目的掌握可谓突飞猛进。① 这个例子隐约透露了一个事实:高等教育大数据现阶段发展仍有其局限性,因此,在对一个学习者未来发展的可能性预估结果进行分析时必须更加谨慎,造成这种情况的原因可能是现有大数据分析仍然无法涵盖所有学习相关指标,例如学习者的创造力,这主要是由数据采集方面技术储备不足而造成的。

为了实现高等教育大数据所带来的美好愿景,其中一大需要克服的障碍是其所带来的负面影响。从信息安全的角度来看,首先会思考到的是如果高等教育大数据的内容与分析结果被不当取得该怎么办。当然,这也是需要考察的一个重要方向,但因为高等教育大数据的其中一个特性是包含万千的数据,在无数过去历史的学习记录中,或许一个更具影响力的副作用是学习者将被自己的过去捆绑。借助高等教育内存块链与高等教育大数据,学习者可以更好地储存自身的学习过程与拥有更完善的适性化学习应用选择。但同时需要思考的问题是,学习者是否可能被这些教育大数据的分析结果捆绑,进而否定了自身未来发展、成长与改变的能力呢?或许在高等教育大数据全面应用之后,一些既有的议题也会因量变而产生质变。学习者终身学习过程的记录所带来的正面效益虽然也持续帮助学习者进行更完善的适性化学习,但是其所带来的负面影响时间,也将随之减少。例如如果学习者的学业成绩、德育分数与奖惩记录都在教育内存块链中永久保存,若缺乏适当的核查与去留机制势必将使各式问题丛生,甚至影响学习者对未来的规划与发展。

人类会成长、犯错、改进与创新发展,这也造就人类的独特性与唯一性。如果以往的教育相关数据在人成长的未来无法完全消失,如果学习者的学习方向、教学者的教学设计与职业发展和教育组织行政管理者的决策完全取决于教育大数据分析出来的可能性预测,就无形地为人类教育上的创新、隐私和自主等套上了一个巨大的枷锁。从另一个方面来说,透过高等教育大数据的分析结果来评断学习者的未来发展方向与可能性高低、教学者的教学能力与策略优劣,或者行政管理政策与执行方针正确与否,必须要审慎考察过去历史数据纳入分析的权重高低或参考指标完整性,否则便可能产生不精准或谬误的评断,进而可能限制住被分析者成长、改进与创新发展的能力。举例来说,假设透过高等教育大数据得到一个结论是大学生在学习期间,每天晚上进行课前预习,那么毕业后就能有 80% 的概

---

① 杜恩龙. 翻转课堂:萨尔曼·可汗的教育主张 [N]. 中华读书报,2015-03-25(22).

率找到好工作。但是我们必须认识到,类似这些分析结果,虽然是透过高等教育大数据分析后而得到的,但仍脱离不了其本质是一种可能性的预测。若每一位大学生都照着分析出来的结果去做,将不仅限制其学习的自由,也会减少学习者遇到各种新事物的机会,甚至可能消灭本来存在于学习者间的个体差异,进而也限制学习者的创造力,这样的副作用与我们一开始希望应用高等教育大数据来改善教育的初衷是有所矛盾的。

2.1.3 思想政治教育大数据化变革发展

改革开放极大地促进了我国的经济发展,为我国思想政治教育的发展创造了良好的环境与时机,也推动着思想政治教育理论的不断创新发展和教育手段现代化的逐渐推进。回顾改革开放40多年来思想政治教育的历程,我国思想政治教育创新始终伴随着时代进步而发展,广大思政理论工作者不断适应时代发展的新形势、新要求,积极顺应时代发展变化需求,不断拓展和深化教育的手段和方法。思想政治教育代差性的存在,表明我国思想政治教育取得了明显的进步与发展。

2.1.3.1 改革开放40多年来思想政治教育代差性梳理与分析

"代"是指一定社会中具有大致相同年龄和类似社会物质的人群,它具有自然和社会双重属性。"代差"原本形容两代人在思想、价值观念、生活态度及兴趣等方面的差别。"代差"一词是英文generation gap的一种译法,广义指"年轻一代与老一代在思想方法、价值观念、生活态度、兴趣爱好方面存在的心理距离或心理隔阂"[①]。在社会科学领域,"代差"一般反映的是在两代人生活的不同时代里,整个社会结构及社会生活变化的速度和程度,同时也反映出两代人的全方位差异。现多引申为两者各方面巨大的差距。社会的变革与发展使得代际差异产生并扩大,代差是社会发展的必然产物,它代表着"代"的超越和社会的进步。有别于"代沟"所包含的相互独立与互相排斥的基调,"思想政治教育代差"主要强调思想政治教育发展过程中不同代间的异质性,各代间在存在差异的同时并不存在矛盾或对立,而表现出流变性、层迭性、合作性,呈现出代差特征。

2.1.3.1.1 思想政治教育代差流变性

我国思想政治教育作为一门学科到20世纪80年代中期才最后形成。

---

① 代沟(心理学名词)[EB/OL].(2011-12-11)[2020-02-02]. https://baike.baidu.com/item/%E4%BB%A3%E6%B2%9F/107805.

改革开放以来,我国思想政治教育理论和实践也在交织中不断丰富和发展。在长期的探索实践过程中,思想政治教育形成了一整套固定程式和规范做法,形成了相对于网络思想政治教育和大数据思想政治教育而言的传统思想政治教育。传统思想政治教育阶段以1978—1998年为阶段节点,即以1977年我国高校招生制度改革,恢复高考,强调学校要以坚定正确的政治方向为起点与标志。一方面,这一阶段强调在坚持马克思主义和四项基本原则的基础上,发扬理论联系实际的学风,主张随时了解受教育者的学习和思想情况。因此,在这一时期,传统思想政治教育充分发挥"面对面"交流这一最大优势,实现教育对象集中学习与讨论,这有利于加深受教育者对教育内容的理解与思考。另一方面,这一阶段高校处于精英教育时代,小班教育的推行既丰富了教育对象学习过程的体验性,又可以通过课堂集中教学、讨论,从而让受教育者感受最真实的原材料,提高教学效果。同时,受到当时现代教育技术发展不足、思想政治教育人员队伍建设不充分的局限与制约,以课堂教学和启发式教学为主的传统思想政治教育可以满足当时的时代需求。这一时期,在学科、内容、方法和队伍建设等整体条件支持下,思想政治教育的理念、方法和教学过程都发生了深刻变革,取得了全面进步与整体发展,为网络时代的到来奠定了学科基础。

1998—2013年是我国网络思想政治教育时代,即以"98方案"的实施为标志与起点。在这一阶段,我国高校由精英教育时代跨入国民高等教育时代,高校的大规模扩招催促着高校思想政治教育的变革。同时,互联网技术的大规模应用也需要高校思想政治教育产生出新理念与新思路。因此,要特别重视发挥现代教育技术的作用。在网络技术的支持下,传统思想政治教育与互联网发生第一次碰撞,网络思想政治教育打破时空界限,最大限度拓宽了受教育者范围。"互联网+"时代使海量信息极速传播,并呈现出裂变式发展,思想政治教育在这一时期主动适应互联网技术的发展,改变传统技术手段和教育方式,主动开发和运用互联网技术,结合互联网时代发展创新思想政治教育的途径、手段与方法。网络思想政治教育达成了传播更广泛、受众覆盖面更广、教育资源更丰富的时代要求,受教育者自主性学习选择增强,受教育者的主体地位进一步得到尊重。网络思想政治教育既达成了传统思想政治教育的理论灌输要求,又超越了时空局限,实现了弹性化教学。但由于网络技术的局限性,思想政治教育工作者无法精准地捕捉到每一位受教育个体的差异性,因此,在实践个性化教学方面受到了约束。网络思想政治教育实现了实践教学与现代教学技术和手段的结合,是对传统思想政治教育的突破发展,且为大数据时代思想政治教育的发展打下了扎实的理论基础,做好了技术铺垫。

2013年至今,我国进入大数据思想政治教育时代。2013年是中国大数据元年,从这一年开始,大数据迅速地应用在我国社会各行各业之中。由此,我国高校思想政治教育的大数据时代大幕徐徐拉开。数据越清晰、越全面、越真实,就越有利于个性化研究。大数据技术带来的急剧增长的数据规模,信息交互和裂变加速及其个性化、回馈与预测等特征,为实现思想政治教育个性化、差异化教学提供了新的研究点与观察视角,促进了思想政治教育的变革与重塑。因此,在这一时期,思想政治教育者也积极推进变革,顺应大数据时代发展潮流。数据时代引发的变革是全面而深刻的,它使一切事物皆可量化,依托大数据全面感知、采集、动态监测、分析、评估反馈等诸多优质特征,思想政治教育也高度契合个体主义精准与个性化需求。利用好大数据资源与技术能够精准掌握个体学习者多样的思想变化,进而在思想动态方面准确分析个体思想变化的成因、过程与结果,使教学向制定个性化思想政治教育方向转变,以实现思想政治教育精准个性化育人,回应大数据思想政治教育发展的时代要求。如果说网络思想政治教育是在其已有基础上的一次革新,那么大数据时代思想政治教育就是网络思想政治教育的进一步"深化"。依靠大数据时代精确的技术,思想政治教育正向可量化、可视化、实证性和精准化的方向发展。

从最初"面对面"课堂理论传授的传统思想政治教育发展到突破时空局限大众化传播的网络思想政治教育,进而发展到实现数据化精准育人的大数据时代思想政治教育;从传统时代的单维到网络时代的双维,再到大数据时代的多维,一方面,数据革命正在不断地推动思想政治教育的数据手段进步、教学效果提升和学科发展变革;另一方面,思想政治教育工作者积极回应时代变革需求,及时调整教育方法与手段,一步步达成思想政治教育重塑发展要求,由单一向全面拓展,由分化走向整合,使思想政治教育具有时代性与流变性特征,推动思想政治教育朝着现代化、科技化与数据化方向发展。但大数据时代思想政治教育并不是发展终点,而是助推思想政治教育迈向智能化时代,为其更深层次的变革与重塑起到奠基作用。

2.1.3.1.2 思想政治教育代差层递性

改革开放40多年来,我国思想政治教育的实践过程既遵循其既有范式,同时也随着时代的发展和教育范式的转变发生相应的变革,以弥补和完善思想政治教育的发展的短板与不足。

传统思想政治教育是我国长期以来主要的思想政治教育方式，主要依赖课堂进行思想政治教育理论知识传授，教育者通过正面灌输、访谈、启发式教学等手段来教育和引导受教育者。这种以正面灌输为主的启发式教学带有自身特有的优势。一方面，针对课堂教学内容，由于教育对象确定，因此，教育者通过对教育对象采取由"启"而"发"的因势利导，达到事半功倍的效果；另一方面，传统思想政治教学通过教育者对知识点的处理及针对受教育者的实时疑惑，进而做到对知识点由表及里、从感性到理性、由内到外的全方位解读，让受教育者全面、整体地了解教学内容。但限于空间的局限性，传统思想政治教育传播范围受限，无法实现大众广泛传播。

网络思想政治教育在继承传统理论知识灌输的基础上，达成了教育内容的无缝衔接和自由传播。首先，突破了时间和空间壁垒，因为受众群体大，覆盖面广，传播信息的范围也更大，所以在信息传播方面，网络的传播效率会大大高于传统的"面对面"教育。其次，网络思想政治教育在信息传递时不仅快捷方便，而且具有极强的时效性。再次，网络思想政治教育会同时作用于众多群体，信息一经网络传播，其所产生的影响便快速扩大，甚至呈现出加倍的态势。这样不仅能够实现教育资源的良性互动，而且可以增强思想政治教育传播的影响力。但是，在这一发展阶段，思想政治教育仍存在一系列问题：如教育对象具有不确定性，思想政治教育的精准性下降，个体教育针对性不强，对受教育者思想行为预测能力不足，跟踪反馈受教育者思想动态方面薄弱，精准与个性化思想政治教育手段有所欠缺，等等。

通过对思想政治教育全程育人的大数据积累、分析、回馈与预测，大数据时代思想政治教育在实现理论灌输、覆盖面广和时效性的基础上，利用其预测、个性化和回馈特征，掌控教育目标多变多样的思想行为变化，进而达成思想政治教育数据化精准育人，使其具有解决新形势、新条件下复杂思想问题的能力，这也是思想政治教育主动适应大数据时代的必然结果。首先，大数据打通了育人平台之间的壁垒和边界，能够有效统筹各领域、各环节的育人资料和育人力量，推动思想政治教育育人工作同向联动。通过大数据平台的数据搜集、分析功能，在海量化数据资源中进行量化分析、课程开发，使专业课程与通识课程、科研实践等育人平台实现分类规划、相互配合，实现教育资源整合与优化。其次，大数据技术与资源掌控教育载体所传递和承载的海量化信息，实现线上、线下及"两微一端"等新媒体平台的协同协作、互融互通，进而快速准确地提高教育内容针对性，掌握受教育者多维思想动态与差异，实现个体思想政治教育的精准性与针对性。最后，大数据时代思想政治教育能够实现对受教育者的整体连贯教育。以思想政治教育大数据平台为基础，借助多种媒介建立的与教育目标之间隐形交互信息数据链接，通过感知、收集、监测、分析、共享数据，从目标数据理解、建立模型、模型评估等方面进行统筹掌握，对思想行为跟踪建档，进而达到全程跟踪回馈，实施多角度、多层次、多阶段有目的、有计划的整体连贯教育。

传统思想政治教育、网络思想政治教育与大数据时代思想政治教育在本质上都是围绕受教育者展开的，传统思想政治教育为网络思想政治教育与大数据时代思想政治教育进行了理论奠基，是后两者的基准与原点。网络思想政治教育是传统思想政治教育在网络时代背景下的拓宽与补充，它突破了传统思想政治教育在时间和空间等方面的局限性，结合网络时代特征进行改进与创新。而大数据时代思想政治教育利用技术优势以碾压式、覆盖式实现对思想政治教育的变革与发展，进而促进传统、网络及大数据时代思想政治教育三者间的相互融合、多维互动（表2-1）。

表2-1　传统、网络及大数据时代思想政治教育的功能分析

	理论传授	时效性	个性化	预测	受众面广	回馈
传统思想政治教育	○	×	×	×	×	×
网络思想政治教育	○	○	×	×	○	×
大数据时代思想政治教育	○	○	○	○	○	○

＊"○"代表具备该功能，"×"代表不具备该功能。

2.1.3.1.3　思想政治教育代差合作性

传统思想政治教育是网络思想政治教育、大数据时代思想政治教育的基础，大数据时代思想政治教育是传统思想政治教育、网络思想政治教育的延伸。大数据时代思想政治教育既支撑着传统思想政治教育的开展，丰富传统思想政治教育的教育资源；又支撑着网络思想政治教育的不断创新，拓展网络思想政治教育的思路。

大数据时代的到来，并不意味着其是对既有思想政治教育的颠覆，而是利用其个性化、反馈与预测性特征更好地辅助后两者，三者相互包容、和谐共存。首先，大数据技术的动态过程监测性辅助网络思想政治教育个

性化教学。通过掌握受教育者网络活动动态变化，大数据不仅可以获取广泛的群体思想信息，精确分析群体思想动态，从而把握群体思想规律，还可以实现对个体在网络学习时的整体性和动态性监测，精准分析每一个体的需求与发展，迎合单独个体的学习情境、喜好及能力，真正做到因时、因地、因材施教。其次，大数据的回馈特征通过收集与分析受教育者网上"学习过程"资料，对个体的发展动态做出评估与反馈，从而结合资料，再导回传统教学。通过网络思想政治教育信息收集、大数据回馈与分析，以及传统思想政治教育的实体教学，受教育者的理解程度和表现得到提升。最后，大数据分析的预测性保障了对教育对象的量化分析，并且变得更为精确，以实现对受教育者行为的及时指导和纠正。利用好大数据资源与技术能够精准掌握个体学习者多样的思想变化，进而通过网络活动思想动态方面准确分析个体思想变化的成因、过程与结果，教学能向个性化思想政治教育方向进行转变，最终辅助传统思想政治教学的开展。

大数据时代思想政治教育促进了其同传统思想政治教育、网络思想政治教育合力效应的优化，实现了对以往思想政治教育的有机整合，构建了更为完善的数据化思想政治教育资源体系。大数据海量丰富的信息资源既拓展了思想政治教育的传统内容，又推动了思想政治教育的数据化发展，最终促进思想政治教育不断拓展与深化创新。

2.1.3.2　变革：大数据时代思想政治教育的发展与目标

习近平同志在2016年全国高校思想政治工作会议发表重要讲话时指出，要"把思想政治工作贯穿教育教学全过程，实现全程育人、全方位育人"①。再结合习近平总书记2017年在十九大报告中明确提出的，要"善于结合实际创造性推动工作，善于运用互联网技术和信息化手段开展工作"。全程全方位育人是提升思想政治教育实效性的前提与基础，大数据是实现思想政治教育全过程、全方位的路径与方法，大数据及其相关技术服务于思想政治教育，有利于促进思想政治教育工作精细化、精准化、智能化。因此，探索大数据与思想政治教育深入融合路径，要以思想政治教育全程全覆盖为整合方向，以大数据为优化手段，实现将思想政治教育贯穿于全程全方位育人的总目标。

2.1.3.2.1　大数据助力思想政治教育全方位育人

"立德树人"是思想政治工作的中心环节，实现全方位育人要求充分

---

① 习近平.把思想政治工作贯穿教育教学全过程[N].中国教育报，2016-12-07（01）.

发挥各方力量，实现各类教育资源、各门课程资源优化整合，以充分发挥众多子系统在一个复杂开放系统中的相互促进作用，从而产生"1+1>2"的合力育人效果。大数据时代，传感、存储和云计算等数据技术正飞速发展，从不同领域搜集到的数据量大幅增加，存储数据数量急剧增长。数据总量的增长由于占到85%以上的非结构化数据的增长，因此，增速比结构化数据快大概十几倍。① 大数据类型繁多，从教育一卡通等高度结构化数据，到声音、图像、符号等半结构化数据或非结构化数据，大数据能够充分挖掘这些形态各不相同的数据之间的相关性。大数据体量巨大、种类繁多等优势为实现思想政治教育全方位、综合化、立体式育人起到良好的助推作用。

一是充分挖掘"课外"平台优势，建立受教育者综合信息数据库。大数据作为科学研究的重要资源，深化了思想政治教育关于人的思想行为的量化研究，通过科研、管理、网络、实践等信息管理平台获取全样本、全过程、全类型数据，辅以大数据信息挖掘、整合、分析、提炼与处理，基于学习、舆情、管理、服务等不同样本模型获取有效的关联信息，开展定量分析，从而更为客观、全面、准确地剖析教育对象。二是全方位分析受教育者思想信息。一直以来，适应性学习的目标，就是要为每一位学生量身打造适合自己的受教育方式。大数据技术通过对个体全面性数据分析、整合、回馈，能够对个体的思想行为特点、形成规律等进行有效分析与精准定位，构建单独个体的个人数据模型，为不同阶段、不同类型的教育对象制订个性化学习方案，针对不同受众进行分层次、分类别教学内容精准投放，实现思想政治教育精准育人，达到有效覆盖、全面宣传。三是充分发挥网络思想政治教育实效性。基于大数据共享平台掌控网络平台海量数据资源，对在线思政课程和线上平台等数据全方位监测与分析，调动、整合有效信息，将线上与线下相关资源精准对接，以全面性、可视化方式掌控受教育者思想行为新特征和新规律，使大数据有效地为思想政治教育内容与传播方式优化重组服务，实现思想政治教育最优效果。同时利用大数据可能性预测，建立线上平台预警机制，以充分监督与规范线上平台运营，建立线上思政与线下教育联动模式，促进思想政治教育实效性发挥。

2.1.3.2.2 大数据助力思想政治教育全过程育人

大数据的统筹掌握功能能够实现高校思想政治教育全过程育人。一方

---

① 梁剑宏. 大数据时代思想政治教育环境新论[M]. 北京：光明日报出版社，2015：20.

面,充分发挥课程育人主渠道作用。在理论课教学过程中运用大数据平台采集一切与学习活动相关的资料,持续搜集并分析学生的学习行为过程等数据资料,并对学习效果数据进行智能比对分析,从而有效捕捉有助于强化效果的"热点",监测思想政治教育课程教学"盲点",对教学效果进行有效的跟踪与反馈,充分了解传统思想政治教育过程中难以发现的"痛点"、疑点,据以改善思想政治教学、优化课程设置,提升学生的理解力和表现力。引导形成科学的、综合的与良性循环的学生培养模式和质量管理方案。另一方面,采用大数据技术有利于梳理统计各门专业课程所隐藏的思想政治教育元素。大数据技术能有效整合通识课程中碎片化知识内容,结合受教育者的兴趣特点、教育规律及课程特点,把脉学生需求,开发通识教育课程中隐性教育内容,将无形的思想政治教育与有形的专业课程知识融合,最终达成润物细无声的教学效果,进而更好地落实"课程思政"教育教学体系建设,实现"课程思政"与思想政治教育课程相统一,显性思政与隐性思政相结合。

2.1.3.2.3 大数据助力思想政治教育全要素育人

"思想政治工作从根本上说是做人的工作,必须围绕学生、关照学生、服务学生。"① 育人为本是有针对性地开展思想政治教育的关键,受教育者个体身心发展的一般规律具有阶段性、不平衡性和个体差异性,认识规律、遵循规律是做好思想政治教育工作的前提。一是通过大数据的海量信息功能,跟踪受教育者网络活动"数据脚印",精准掌握个体学习者多变多样的思想变化,进而在思想动态方面准确分析个体思想变化的成因、过程与结果,用数据说话,准确把握受教育者真正所需及需求数量,使教学向个性化思想政治教育方向进行转变。二是利用好大数据资源与技术,改变以往从"理论—理论"出发的研究范式,建立起从客观样本的分析数据出发、验证与总结相对应的理论,最终利用理论指导实践的科研方式。依托大数据模型的数据分析与回馈,通过"三微一端"等新媒体网络平台进行多渠道传播,构建信息化育人体系。三是运用大数据提供更具有学科应用价值的教学内容。大数据实时监测与信息反馈能够及时获取教学效果,让数据告诉我们过去几乎无从得知的发现,明确哪些内容有利于教学,而

---

① 习近平. 把思想政治工作贯穿教育教学全过程[N]. 中国教育报,2016-12-07(01).

且不只是大体上来说有利,而是能细分到对特定情境的学习有利。① 大数据系统根据搜集回馈资料,可实现动态调整教学内容和环境,使教学内容紧密契合学生需求,进而使每一位学生都处于最佳教学状态,形成资源丰富、手段多样的立体化教育育人格局。

2.1.4 大学生思想政治教育大数据平台

改革开放 40 多年是中国突飞猛进的一段时期,物质水平与精神境界的双飞跃为我国思想政治教育发展创造了良好的环境,促进了思想政治教育的发展与创新。本书首先分析改革开放以来思想政治教育代差性表象,得出大数据时代思想政治教育与传统思想政治教育、网络思想政治教育代差已存在,并呈现流变性、层迭性和合作性特点。以全方位、全过程、全要素育人为研究视角,深入分析大数据时代思想政治教育发展与目标,提出了从树立大数据育人理念、创新思想政治教育内容、建构协同一体大数据库、加强数据技术管理四个方面重塑"四位一体"大数据时代思想政治教育平台架构原则与机理。以期通过本研究,为我国思想政治教育的发展与建设提供有益借鉴。

2.1.4.1 树立大数据育人观念

大数据时代对育人观念提出了特殊性要求,为了更好地让大数据技术服务于思想政治教育,关键在于树立大数据时代育人观念。一方面,教育者要树立大数据教育意识。一是思想政治教育者要善于利用大数据技术手段开展教学,运用科学手段与方法搜集、分析、处理与预测受教育者各方面信息,制订受教育者个性化学习方案,提高教育针对性。二是要积极回应大数据时代对思想政治教育的积极影响,主动学习与掌握大数据原理和方法,及时创新思想政治教育方法与载体。另一方面,对于受教育者来说,在大数据时代背景下,个人信息的盗取和分析变得更加容易,每个人都成了"数据裸奔"透明人,因此,帮助受教育者树立正确的大数据使用观念必不可少。一是培育尊重理念。大数据时代是一个信息共享的时代,但在享受大数据技术给我们带来的便利时,也要充分考虑数据被采集者、数据信息服务提供者及数据享用者间的平等价值关系。在思想政治教育大数据开发的同时,要在公平公正、尊重他人隐私、尊重他人自主性的基础

---

① 谢继华. 大数据视阈下高校网络思想政治教育创新研究 [D]. 成都:电子科技大学博士学位论文,2018:256.

上，合理使用数据。二是培养保护观念。个人信息保密、个人隐私保护是体现一个社会保障个体尊严的最基本要求。① 大数据时代背景下，个人数据及信息的盗取变得更加容易，个人数据极易外泄。受教育者在日常学习生活中要做好个人数据资料的保护，防范个人隐私信息的泄露，同时也要保护好他人隐私，不随意查阅、分享和传播他人隐私信息，充分保护个人数据安全。三是提高辨别意识。大数据在提供海量数据资源和信息的同时，也使各种不良数据信息资源肆意横行，思想和道德很容易受到多方面的侵蚀。在进行有效监管的同时，应帮助教育对象树立正确的"数据观"，加强数据安全、数据技术知识的学习，学会分辨优与劣，积极合法地运用好大数据资源。

2.1.4.2 创新大数据时代思想政治教育内容

中共中央办公厅、国务院办公厅在2015年联合印发的《关于进一步加强和改进新形势下高校宣传思想工作的意见》明确了加强和改进新形势下高校宣传思想工作的基本原则，其中第四条原则指出："坚持改革创新、注重实效。准确把握师生思想状况，创新工作理念和方式方法，把解决思想问题与解决实际问题结合起来，不断增强针对性、实效性。"② 对思想政治教育的工作者在新形势、新条件下提出新的历史使命。因此，思想政治教育者要结合好大数据技术，做好思想政治教育内容创新发展，始终走在时代前列。首先，要提高大数据时代思想政治教育内容的针对性。传统思想政治教育由于其研究对象——"人"具有多变性与思想复杂性特点，因此教育者所获取的信息时常具有模糊性与不确定性，思想政治教育内容针对性不强。教育者利用平台积聚受教育者的"数据印记"，通过分析与筛选原始数据，找出教育对象的思想与行为规律，进而精准诊断群体或个人思想问题，预判教育对象的未来行为，找准受教育者真正所需、所想、所缺，以数据说话，提高思想政治教育内容的针对性。其次，着力打造"微形式"思想政治教育。"微形式"主要体现在微平台与微传播两个方面。以思想政治教育大数据平台为基础，配合慕课、微课与翻转课堂等新型教学形式，通过教育大数据积累与分析，深度挖掘学习者"碎片化"的学习

---

① 维克托·迈尔-舍恩伯格，肯尼思·库克耶. 大数据时代：生活、工作与思维的大变革[M]. 盛杨燕，周涛，译. 杭州：浙江人民出版社，2013：127.
② 中共中央办公厅，国务院办公厅. 关于进一步加强和改进新形势下高校宣传思想工作的意见[EB/OL].（2015－01－19）[2015－06－12]. http://edu.people.com.cn/n/2015/0119/c1006-26412100.html.

需求,进而制订个性化思想政治教育教学方案,开发移动智能终端,依据受教育者实际需求辅以"微专题"式教学。最后,开发思想政治教育深度资源。随着思想政治教育新情况、新问题的不断出现,仅仅依靠专业思想政治教育教师单方面力量已经不足以应对,调动和聚集各方面力量去拓展和挖掘思想政治教育深度资源势在必行。充分调动学校党委、思想政治教育教师队伍、专业课教师队伍、学工教师队伍、辅导员与受教育者自我教育的积极性,使他们各司其职,在教育中互相配合、互相补充,将思想政治教育做细、做实、做新,全方位掌控受教育者的思想动态变化。

2.1.4.3 建构协同一体大数据库

"随着大数据的出现,数据的总和比部分更有价值。当我们将从多个数据集的总和重组在一起时,重组总和的价值也比单个总和更大。"① 面对海量的大数据,做好数据信息资源的优化整合是关键,既要构建好各高校内部思想政治教育数据库,又要做好高校间"大思政"数据库协调管理运用。一是搭建思想政治教育全方位育人大数据平台。大数据所具有的信息发布与推送、回路信息的接受与存储、信息数据整合、信息数据分析与回馈功能,可实现对教育对象思想实时、全程地动态监测。基于资源丰富的大数据信息,思想政治教育工作者要主动出击,协同学校团委党委、学工、教务及管理部门力量,科学地决策、配置、调用各部门资源,收集一切大数据,形成全方位协同联动的专业型数据库,进而帮助教育者掌握教育对象思想变化规律,预测其发展趋势,做到快速反应、及时疏导、有效预防。二是打造大数据专业人才队伍。大数据不仅是一种资源、技术,更是一门科学,要想将其与思想政治教育更好地融合,首先在于培养一支专业人才队伍。在对思想政治教育教师队伍进行大数据意识、技术、能力等方面培训的同时,积极吸纳理工科相关专业人才。既要使拥有大数据知识、具有数据处理能力的人才加入思想政治教育队伍,又要加强与大数据人才的合作,促进思想政治教育师资队伍多元化发展,提高思想政治教育大数据技术专业水平,让思想政治教育工作在大数据的帮助下如虎添翼。三要构建高校间交互一体的"大思政"数据库,确立思想政治教育科学大数据分析模式。② 大数据信息资源来源广泛、类型庞杂,各类信息良莠不

---

① 维克托·迈尔-舍恩伯格,肯尼思·库克耶.大数据时代:生活、工作与思维的大变革[M].盛杨燕,周涛,译.杭州:浙江人民出版社,2013:140.
② 刘国龙,陈波.高校思想政治教育大数据平台运行机制探析[J].思想政治教育研究,2016(3):121.

齐,科学地选择、搜集、运用与分析是提高思想政治教育实效性的关键。这就需要高校间密切配合,以科学的思维和方法捕捉真实有效的、准确的和有价值的数据资源和信息,搭建一体化"大数据库",通过数据纵横对比、今昔对比及综合对比,构建思想行为数据化模型,确立好思想政治教育学科专业性、科学性大数据分析模式,据以实现科学的、高质量的、有针对性的思想政治教育工作。

2.1.4.4 加强数据技术管理

在弘扬社会主义核心价值观的今天,正确利用大数据新技术、新资源为高校宣传思想工作服务,在完善思想政治教育大数据平台建设的同时,更需要加强数据技术管理。首先,构建思想政治教育动态评估反馈机制。大数据具有回馈、个性化、可能性预测三大核心功能,结合受教育者在日常学习和生活中留下的海量"数据印记",能够实现对教育对象的思想与行为发展动态做出评估、反馈和预测。根据客观全面的数据,完善思想政治教育的激励、联动与反馈机制,促进教育反思,提升思想政治教育效果。其次,建立科学评价机制。大数据带来的最大变革是使一切皆可量化。打破传统抽样调研、局部考察的总结式评价机制,结合大数据平台,建立以丰富、客观、动态化数据为支撑的科学评价机制。最后,加强个体网络安全监管与隐私保护机制。思想政治教育的有效运转离不开个体网络安全监管与隐私保护机制的强力保障。一方面,信息管理部门要建立安全防护系统,提高信息安全管理水平,进行严格的访问控制,对"异常流量"及时进行攻击与防护,确保大数据信息安全;另一方面,也要加强自身用户的隐私安全保护,建立数据隐私保护预案,明确数据使用操作与规范,严格在合法范围内获取和使用数据信息。

改革开放40多年来思想政治教育代差性研究是对思想政治教育发展的新思考,思想政治教育的发展根植于改革开放时代,它既顺应时代发展,同时也受到时代局限性制约,由此,思想政治教育发展也积极做出应有的改变,贴合每一时代的发展潮流。"代"既代表大数据技术背景下思想政治教育同传统思想政治教育、网络思想政治教育间的代际,也代表全新的大数据时代。大数据时代思想政治教育的兴起与发展是个性化教育需求与技术发展相结合的必然结果,具有传统教学所无法达成的新优势。大数据时代从全方位、全过程、全要素三个方面实现了对思想政治教育发展的变革,这就要求思想政治教育工作者积极构建树立大数据育人原则、创新思想政治教学内容、建构协同一体大数据库、加强数据技术管理"四位一体"的大数据时代思想政治教育原则,从而实现对大数据时代思想政治教育的重塑,最终助推思想政治教育更好地向智能化时代迈进。

2.2 相关理论基础

2.2.1 马克思主义关于人的全面发展学说

如果用一个核心词来概括马克思主义主题的话,那就是"发展",这是学习、理解和实践马克思主义的核心。马克思和恩格斯在揭示社会发展客观规律的基础上提出社会形态理论,他们认为,从一般进程来说,原始社会、奴隶社会、封建社会、资本主义社会、共产主义社会是人类社会历史发展的几种主要形态,社会发展可以划分为这样几个基本阶段。马克思主义发展思想包括发展理论、发展道路和发展模式三大支柱,人的发展和经济社会发展是马克思主义发展理论的重要组成部分。

人的发展是一切发展的基础和目标。马克思认为,全部人类历史的第一个前提无疑是有生命的个人的存在。因此,第一个需要确认的事实就是这些个人更具有社会性,其是通过一定的婚姻家庭制度加以实现的,即人类的繁殖活动与动物不同,人不是两性生理的简单结构,而是一种社会契约,要通过一定社会形式即家庭形式加以实现。从这一点来讲,人的再生产既是一种"动物行为",更是一种"社会行动"。人口规律具有必然的社会性和历史性,人口规律又在一定程度上决定社会规律。正如马克思所说:"事实上,每一种特殊需要的、历史的生产方式都有其特殊的、历史地起作用的人口规律。"[①] 马克思关于"人的发展"的思想包括三个层次。一是自由发展。马克思和恩格斯在《共产党宣言》中强调指出:"在替代资本主义社会制度的社会主义和共产主义社会,每个人都能自由发展,而且每个人的自由发展是一切人的自由发展的条件。"[②] "要不是每一个人都得到解放,社会也不能得到解放。"[③] 二是共同发展。"只有是每一个人在共同体中,个人才能获得全面发展其才能的手段,也就是说,只有在共同体中才能有个人的自由。……个人在自己的联合中并通过这种联合获得自

---

① 马克思,恩格斯.马克思恩格斯全集 [M].北京:人民出版社,1995:692.
② 马克思,恩格斯.马克思恩格斯文集:第1卷 [M].北京:人民出版社,2009:53.
③ 马克思,恩格斯.马克思恩格斯文集:第1卷 [M].北京:人民出版社,2009:310.

己的自由。"① 三是全面发展。恩格斯强调:"第一个措施是由国家出资对一切儿童毫无例外地实行普遍教育,这种教育对任何人都将是一样的,一直进行到能够作为社会独立成员的年龄为止。这个措施对我们穷弟兄来说,只是一件公平的事情,因为每一个人都无可争辩地有权全面发展自己的才能。""显而易见,社会成员中受过教育的人会比愚昧无知的、没有文化的人给社会带来更多的好处。"② 全面发展的人的发展的最高境界,是所有经济社会发展的根本目的。人口发展是社会发展和"人的发展"的双重体现。人口再生产是人口发展的重要载体,与物质再生产、精神文化再生产,并称为"三大生产"。人类社会正是在这"三大生产"中不断演进和发展的。人口发展既包括数量规模变化,也包括人口结构和质量的变化。人口结构是人口发展的内在机制力量,人口质量是人口发展的主要成果和典型体现。人是一个社会历史范畴,人的本质"是一切社会关系的总和"。人的本质属性是社会属性而不是生物属性,社会生产方式决定人的生产方式。人口是社会的基本生产力,又是生产关系及一切社会关系的承担者。

2.2.2 后现代主义教育观

在2 500多年前,中国儒家思想创始人孔子就明确提出庶、富、教的思想。在《论语》中这样载道:"子适卫,冉有仆。子曰:'庶矣哉!'冉有曰:'既庶矣,又何加焉?'曰:'富之。'曰:'既富矣,又何加焉?'曰:'教之。'"③ 庶、富、教,既是三种社会管理形式,也是社会发展需要的重要特征。因此,无论是一个人,还是一个社会或是一个国家,首要的任务是生存,当人们的物质生活水平提高到一定程度时,就会提出对精神生活的需要与追求,就需要不断提升其教育水平和文化素质。《管子》认为:"天下者,国之本也;国者,乡之本也;乡者,家之本也;家者,人之本也;人者,身之本也;身者,治之本也。"④ 从分类学角度,由宏观世界到中观世界,进而进入微观世界,并揭示教育理念和教育发展的核心本质在于以人为本。现代社会科学自19世纪建立以来,形成了经验主义和理性主义两大流派。经验主义认为,教育科学像自然科学一样,主张教

---

① 马克思,恩格斯. 马克思恩格斯文集:第1卷[M]. 北京:人民出版社,2009:571.
② 马克思,恩格斯. 马克思恩格斯文集:第1卷[M]. 北京:人民出版社,2009:369.
③ 杨伯峻. 论语译注[M]. 北京:中华书局,2016:129.
④ 李山. 管子[M]. 北京:中华书局,2005:37.

育科学应以自然科学为榜样，教育科学阐述问题的逻辑框架也与自然科学相类似，以经验主义为主导；理性主义认为，教育科学是社会科学的一个分支，应该以理性主义为主导。一般认为，前者被视为正统教育科学，后者被视为非正统教育科学。但无论是正统教育科学理念还是非正统教育科学理念，两者最终殊途同归的交集点必然回归于人的发展这个核心理念。因此，无论是中国传统教育理念，抑或是工业革命以后的西方教育科学理念，两者的出发点在于人，逻辑归宿点在于人的全面发展，核心点在于以人为本。

后现代主义教育观在 20 世纪 60 年代被提出，它以批判现代教育观中的受技术理性的支配为标志。这就使得教育研究的目的，即成为提供教育开发的普适性的程序和规则成了教育发展关键之处。① 在这个基础之上，后现代主义教育观的理论家与教育工作者提出了教育重建概念，提出了将价值与事实分离，或使社会研究与伦理关怀分割的研究与实践，都是没有意义的，且不符合时代发展要求的。② 这就是说后现代主义教育观认为，教育理论研究与实践工作的价值传播与知识传播是不可分离的，它们需要在教育中共同实现。而对大数据时代思想政治教育内涵的界定，一些学者基于后现代主义课程观进行了阐释，部分学者认为，大数据时代思想政治教育不在于让高校教育成为全面虚拟线上形式，而是通过将高校思想政治教育大数据技术融入课程改革和教学的各个环节、各个方面，进而实现润物无声的立德树人效果。部分学者认为，大数据时代思想政治教育是一种全新的、具有创新性的工作理念，即教育技术发展中承载着思想政治教育，将思想政治教育又寓于精准化之中。有的学者认为，高校思想政治教育大数据技术突出了教育建构精神的育人内涵，提出了以德为先的课程价值论及立德、求知相统一的课程发展观，是高等教育对"立德树人"理念的具体阐释。它不是一门课或几门课的大数据化结果，而是一种理念与价值的培育和输送。③ 由此可见，大数据时代思想政治教育是作为一种整体的教育观被提出的，强调实现全课程的精准化育人理念。如果站在受教育

---

① 储著源，周小华. 高校课程育人质量提升的主要问题和路径选择 [J]. 高校辅导员，2019（6）：34.

② 高锡文. 基于协同育人的高校课程思政工作模式研究：以上海高校改革实践为例 [J]. 学校党建与思想教育，2017（24）：16.

③ 熊思东，李钧，王德峰，等. 通识教育与大学：中国的探索 [M]. 北京：科学出版社，2010：39.

者需要的角度对大数据时代思想政治教育的内涵进行阐释,以往的思想政治教育相对于受教育者的需求,更注重教育者的给予,因此,会导致思想政治教育效果不佳。基于这样的问题,一些学者从受教育者需要的角度提出了大数据时代思想政治教育的内涵。有的学者认为,大数据时代思想政治教育是要求高校教师不仅要注重知识的传授,更要注重让学生将知识转换为内在的德性,转换为学生内在的精神系统的有机构成,使之成为学生认识世界和改造世界的基本能力和方法。有的学者认为,大数据时代思想政治教育就是要以学生为中心,围绕教育理念主题开拓思维,挖掘思想政治教育元素,根据课程特点和学生能力、兴趣等因素巧妙地将社会主义核心价值观的精髓要义融入多样化的课堂教学之中。从这里可以看到,大数据时代思想政治教育在某种程度上也抓住了受教育者的需求,以此为教育目标,更能使受教育者接受,进而取得良好的效果。

  后现代主义教育观思潮下,当代大学教育的目的发生了翻天覆地的变化。大学学习本是一种生存需要,而非完全的社会需要,更不会仅仅为职业需要沦为流水线式教育。所谓人才是人的社会化过程与人自由发展相结合,专业只是一种兴趣,而工具化的专业教育会被淘汰或是消亡。科学不再是唯一目的,人的生活是目的。发展也不再是唯一目的,自身的解放与异化现象的去除可能就成了目的。人们对于工作看法的转变将更加具有挑战性,活着不仅仅是为了工作。在农业社会,人们以简单劳动的形式死死地禁锢在土地上,"面朝黄土背朝天";第一次工业革命之后,大批农业劳动力转变为雇佣劳动力,有了蓝领与白领之分;当信息与知识经济时代到来之后,智能机器人替代一般人力劳动,大量的劳动力又会产生转移,转移到哪里去呢?当然是转移到社会上去了,然后超越原有职业概念与上班方式及产业划分,每个人随时都可以完成自己的工作,大家互联互通互惠,生产利用机器人,消费通过网络,大量时间用于精神消费而非物质消费。每个人都是创客,每个人都可以向社会奉献自己的知识、智慧及精神产品,当然这些又可以转变为物质产品,服务于整个人类。大数据时代教育革命既是一场新的教育革命浪潮,更是一种发展趋势。既然是浪潮,就有可能是轰轰烈烈的;既然是一种趋势,就应该顺潮流而动,而非逆势而为。线上与线下相结合的混合式学习已经在高等院校中日益流行。2015年5月美国国家教育统计中心的报告显示,美国有39.7%的大学生参加全在线的课程学习。《地平线报告》指出,随着在线学习形式的持续增长,高等教育机构正在开发更多的在线课程来代替或补充现行课程。现有大学教育与其落后于时代或者被动地遭受大数据时代教育革命冲击,不如主动迎接与参与。① 世界上的许多机构都是由于人们的需要才产生的,当人们不需要的时候就有可能关闭。大学机构只有越来越适应人们的需要,才能生存和发展,而且在不同时代,人们的需求是不一样的,因此,我们必须适应人类在大数据时代对于教育的要求。大学一旦不适应时代发展的要求,就会遭到时代的诟病甚至淘汰。当站在新的历史起点上,审视和思考未来的教育时,我们必须以新的战略性思维应对未来变化,把发展教育的参照系由现实转向未来,趋势与不确定性共存,应对和迎接可以预见和不可预见的转变。当大数据时代的社会结构、社会关系产生深刻变革时,现代大学思想政治理论教育也必将不断地改变。

2.2.3 高等教育发展阶段理论

社会是人的社会,人是社会的人。社会发展与人的发展紧密相关,密不可分,不存在没有人的社会发展,也不存在脱离了一定社会的人的发展。教育是人类社会经济生活的重要内容,是人发现自我、发展自我和完善自我的重要手段。赫希曼在《经济发展战略》一书中提出:"发展通常是指从某一经济形态到更进步经济形态的变动过程。"② 发展是一种正向的增长,不仅包括外在规模和结构的变化,也包括品质和功能的提升,并可进一步划分为物质的增长、制度的创新和文化的发展三个方面。从人类文明进步和人类认识提升的角度分析,发展是人类自我意识的深刻觉醒。联合国教科文组织制定的《1977—1982 年中期规划》提出:"发展越来越被看作社会灵魂的一种觉醒。"③ 全球教育体系的发展,公民参与程度的提高,各国教育发展规划的制定,都对科学衡量提出了更为迫切和更高水平的要求。伴随着教育体系的演变,传统的教育统计方法,已无法对日益变化的教育需求迅速做出反应,无法体现现代教育体系运行的真实特征。同时更为重要的是,传统方法止步于简单的数字统计,无法适应决策者对于未来信息的需要,无法回答教育发展长期的政策问题和战略问题。

传统的大学样式已经历了上千年,那也是历史的产物。随着时代的发

---

① 焦建利.地平线报告[R/OL].(2015-05-24)[2018-03-23].http://www.Fyeedu.net/info/201157-1.htm.
② 赫希曼.经济发展战略[M].曹征海,潘照东,译.北京:经济科学出版社,1991:44.
③ 王文长.民族视角的经济研究[M].北京:中国经济出版社,2008:32.

展，大学自身也不可能一成不变，一定是与时俱进的。人类既然要进步，大学自身也要跟着进步。一次真正的革命必将带来新的事物与新的气象。从古至今，大学在变革中不断演进，以至于不同时代具有不同的大学形态，古代大学、近代大学、现代大学，其功能也同样在发生变化。比特时代的教育会给现有教育带来冲击，同时也表现出了许多优势特征，有利于教育改革与我们介入的深度却有限。2018年一项我国高等教育信息化技术普及调查统计表明，63%的教师对于"互联网+"非常了解，87%的教师会利用新技术进行教学创新，56%的教师会高度认可互联网下的教学创新，48%的教师认为现在使用在线教育平台的学生非常多。① 这就说明，我们的大数据时代教育变革比较乐观，改革的实际效果虽然不能说是尽如人意，但大数据技术真实带来了高等教育的巨大变革与创新。当下高等教育正在从适应工业社会转变为适应大数据时代，发生着战略性的变化。技术只能更好地服务于人的大学教育需要，"任何教育技术的运用，最终都要回归教育的本质。联合国教科文组织的一份报告认为'只有当教育技术真正统一到整个教育体系中去的时候，只有当教育技术促使我们重新考虑和革新这个教育体系的时候，教育技术才具有价值'"②。教育无论经过多少次、何种样式的革命，其本质是不会改变的，这些革命只是为完成教育的本质使命服务，一旦脱离了教育的本质，一切冠以"革命"字样的革命都是伪命题。因此，好的教育革命只是改变不适应教育发展的方式方法而已，并不颠覆教育的本质，而每一次教育革命都应该是向教育本质之回归，而不是偏离甚至倒退。大数据时代教育革命也不例外。

2.3 大学生思想政治教育大数据平台蕴含的育人价值

"三全育人"是提升高校思想政治教育实效性的前提与基础，大数据是实现思想政治教育"三全育人"的路径与方法。以2016年习近平总书记在《把思想政治工作贯穿教育教学全过程》的讲话中提出的"把思想政治工作贯穿教育教学全过程，实现全程育人、全方位育人"③为标志，再结合2015年1月19日，中共中央办公厅、国务院办公厅印发的《关于进

---

① 张一春.信息化教学设计精彩纷呈 [M].北京：高等教育出版社，2018：237.
② 马丽贞.大数据的应用与思想政治教育发展趋势研究 [M].北京：中国政法大学出版社，2015：9.
③ 习近平.把思想政治工作贯穿教育教学全过程 [N].中国教育报，2016-12-07（01）.

一步加强和改进新形势下高校宣传思想工作的意见》，表明党和政府培养好中国特色社会主义合格建设者与可靠接班人的决心。在这种形势下，迫切需要学术界对大数据时代高校思想政治教育"三全育人"进行全面系统的研究，为新形势下我国高校思想政治教育"三全育人"工作提供决策依据、理论支撑与实效对策，实现习近平总书记与党中央提出的"全程育人、全方位育人、全员育人"的战略目标。

2.3.1 大数据与思想政治教育"三全育人"

以"三全育人"理念为目标，结合现有高校思想政治教育的资源，尝试构建以多角度、多层次与全方位为目标的高校思想政治教育"三全育人"模式，再辅以大数据技术与高校思想政治教育"三全育人"相结合，借此帮助思想政治教育工作者在"三全育人"的育人模式中通过大数据全程掌控大学生思想动态变化，制定个性化工作方式。这是对大数据时代高校思想政治教育"三全育人"的一个全景式理解，既是对高校思想政治教育"三全育人"模式的静态掌握，又有通过大数据分析对其发展过程的动态分析。旨在切实提升高校思想政治教育"三全育人"实效性，以期完成党中央要求"把思想政治工作贯穿教育教学全过程，实现全程育人、全方位育人"的新使命。

大数据是指依靠精确的技术获取数据源生成的大规模、多元化、长期性的分布式数据集，运用社会科学与自然科学最前沿的研究方法分析与运用海量数据信息的技术；立体全程育人与单一的、平面的、短期的教育模式是相对立的概念，其强调教育主体、客体与资源在立体的、多面的与全程的模式中形成合力，达到育人目的；思想政治教育是教育者以政治思想教育工作为核心的思想、道德与心理等综合性工作，具有动态性、实践性与长期性等特性；适应这些特性，有必要进行思想政治工作立体全程育人研究；而大数据具有全面感知、收集、监测、分析、共享等诸多优秀特质，高度契合高校思想政治教育"三全育人"的需求，为实现高校思想政治教育"三全育人"的目标提供了技术保障。

高校思想政治教育"三全育人"教育理论最早是基于"立体教育"概念而来的。早在17世纪，教育学家夸美纽斯就对现代教育进行研究，并形成较系统的概念，提出"尽早开始教育，直到人的永生"[①]。苏联教育学

---

① 夸美纽斯. 大教学论 [M]. 傅任敢，译. 北京：教育科学出版社，2014：103.

家凯洛夫在总结前人经验的基础上,构建了学校教育体系,提出以"课堂—教师—书本"为中心的"三中心"论。但随着社会与教育的进一步发展,传统以学校教育为中心的模式不再适应教育发展的现实需求。因此,英国教育学家斯宾塞提出教育应该与生活结合,强调教育与生活的联系性与相互作用。美国教育学家杜威则推进斯宾塞的观点,提出"教育即生活""学校即社会"的观点,杜威将学校与社会看作一体,反对将教育与生活进行割裂而单独看待,由此形成一种更为科学的教育观念——"大教育观",即立体教育观念的雏形。20世纪60年代前后,美国教育学家布鲁纳与罗杰斯基于杜威的观点提出并完善了立体教育的概念。其主要观点认为教育就纵向而言,是人从生到死的各阶段教育,在内容与形式方面统一协调;从横向而言,要把家庭、学校与社会所有教育资源与教育目标进行综合性统一,以立体方式将横、纵两面协调组合起来,使人的教育在横、纵面形成的立体教育空间中实施,可以造就完善的人。[①] 思想政治教育是教育的重要组成部分,高校思想政治教育"三全育人"随着立体教育发展而形成。国内对高校思想政治教育"三全育人"的研究,最早见于20世纪90年代初,吴天文发表的《思想工作中立体化育人的几个理论问题》。进入21世纪后,不少专家和学者为此发表了许多有分量的论文,例如从思想政治教育本质特性出发进行思考与研究,张耀灿教授认为,人的思想品德由知、情、信、意、行五个方面统一而成,达成"内化于心,外化于行"的目标[②],就要进行全面的思想政治教育工作。而陈秉公教授强调,思想政治教育工作本质上是人的政治理想、思想品德与心理的社会化。[③] 这就决定了思想政治教育必然是以综合化、全面化的工作形态开展。而后,思想政治教育方面的一些学者将思想政治教育工作与立体育人进行契合融入性研究,提出了高校思想政治教育"三全育人"以空间结构为框架,形成以个人目标为点,以家庭、学校与社会为线,以思想政治教育、专业教育与社会实践教育为教育面,以管理育人、服务育人与环境育人为育人面,以理论说教、行为评价与综合考核为评价面,以导人以言、导人以为为线下面,以互联网、移动互联网为线上面,形成多角度、多层面与全方位的思想政治工作立体全程育人模式,该模式具备连续性、可持续性

---

① 石艳. 皮亚杰、布鲁纳教育名著导读 [M]. 长春:吉林文史出版社,2016:163.
② 张耀灿,陈可柏. 思想政治教育学原理 [M]. 北京:高等教育出版社,2001:69.
③ 顾晶琳. 大学生思想政治教育立体育人工程研究 [D]. 长春:东北师范大学硕士学位论文,2005:8.

与阶梯进步性等特性。

大数据概念与技术首开于国外。在2012年，英国学者舍恩伯格提出将大数据与教育结合系统理论。此后该理论一直受到各国政府理论界的关注，已形成了相应研究成果，总体来看，这些成果主要体现在以下三个方面。一是教育控制方面，舍恩伯格提出通过引入大数据技术去掌控学习者的进度、问题，分析其知识构成与能力程度等问题，进而控制受教育者的整体教育进度与程度。二是教育预测方面，An.可汗提出同时根据慕课大数据库的积累分析掌握学习者的规律并预测分流方向，进而制订个性化教育方案。完善大数据监控预测平台将再次激发新型教育资源潜力。三是培育人的全面发展方面，J.纽维格认为认识了大数据技术对教育产生变革之后，同时也要认识人不仅要对知识完善，也要对人自身发展完善。"教育的最终目的是为造就完善的人。"[1] 因此，国外学者开始将大数据应用在心理教育、德育与思想行为等领域，目的在于通过教育培养出全面综合的人。显然，国外学术界并没有"思想政治工作"对等概念，但从学者研究来看，以教育控制与预测观、全面发展观研究的学者，其成果正好支撑大数据时代对思想政治工作问题的研究。2013年，涂子沛将大数据概念引入国内，思政学术界迅速进行将大数据与思想政治工作相结合的创新研究。具体来说，国内学术界主要研究了下列几个方面的问题。首先，树立思想政治工作大数据观念。黄欣荣教授认为"世界万物都可以被数据化"[2]。思想政治教育工作者要树立数据思维，建立专门的思想政治教育工作数据库，进行主动型范式分析，把握机遇、迎接挑战，永葆思想政治工作的蓬勃生机和强大生命力。其次，挖掘思想政治工作大数据的价值。胡树祥教授根据大数据具备海量性、多样性、高速性与跟踪性四个优质特征，"提出可以从宏观层掌握群体大学生思想动态及规律，在微观层上帮助思想政治教育达到个性化精准目标"[3]。而将大数据分析介入可以保证思想政治教育具备更高的客观性、人本性、真实性、前瞻性与持续性。辅以以整合共享与协同联动为特点的大数据运行平台，必将对高校思想政治教育"三全育人"进行全面深度优化。

---

[1] 维克托·迈尔-舍恩伯格.与数据同行：学习和教育的未来[M].上海：华东师范大学出版社，2015：236.
[2] 黄欣荣.大数据对思想政治教育方法论的变革[J].江西财经大学学报，2015（3）：16.
[3] 马丽贞.大数据的应用与思想政治教育发展趋势研究[M].北京：中国政法大学出版社，2015：87.

综上所述，国内外学术界对于高校思想政治教育"三全育人"与思想政治教育大数据问题取得了不少积极的研究成果，对本问题的研究提供了有益的借鉴。而基于大数据视野下的高校思想政治教育"三全育人"的思考则处于空白，对于大数据时代高校思想政治教育"三全育人"研究的理论基础、架构模式、实现路径、运行机制与管理体制等鲜有涉足，将大数据技术与高校思想政治教育"三全育人"相结合，进行全面系统性研究亟待加强，目前，还未见到大数据时代高校思想政治教育"三全育人"系统性的专著。

2.3.2　大数据实现高校思想政治教育"三全育人"根本目标

高校思想政治教育工作的好坏关系到我国社会主义大学办学的成败得失，党和政府一直高度重视思想政治教育工作。因此，大数据时代高校思想政治教育"三全育人"的价值，即探索大数据在高校思想政治教育"三全育人"方面的运用，全面提升思想政治教育工作的精准性、实效性与针对性。建构出大数据时代高校思想政治教育"三全育人"模式，实现全程育人、全方位育人、全员育人的目标；同时要以高校思想政治教育"三全育人"为整合方向，以大数据为优化手段，实现将思想政治教育工作贯穿于教育教学全过程的总目标。所以，对于大数据如何实现高校思想政治教育"三全育人"根本目标的认知，要从多方面、多维度等方面进行考量。

首先，大数据时代高校思想政治教育"三全育人"将全面提升思想政治教育工作能力。中国共产党和政府一直高度重视思想政治教育工作。建立科学有效的高校思想政治教育工作是中国共产党、政府与人民的共同愿望，也是中国特色社会主义大学的核心本质。聚焦于高校思想政治教育工作的"三全育人"研究，以期完成党中央要求"全程育人、全方位育人与全员育人"的新使命，具有强烈的时代性与针对性；经历多年发展，我国高校思想政治教育工作基础已经夯实，专业建设快速发展，形成了高效的学工队伍、完善的党团组织、多样的线上传播媒介等。但也存在不足，主要是跟踪与分析大学生思想动态能力不足，精准与个性化思想政治教育工作能力不足，思想政治教育工作资源整合不足。高校思想政治教育"三全育人"通过统筹掌握达到形成合力的目的，而通过对高校思想政治教育"三全育人"的大数据积累、分析、评价与预测，掌控工作目标多变多样的思想变化，使高校思想政治教育"三全育人"工作具有解决新形势、新条件下复杂思想问题的能力，完善高校思想政治教育工作。将大数据技术融入高校思想政治教育"三全育人"中,是高校思想政治教育"三全育人"具备实效性的关键,也是高校思想政治教育工作主动适应大数据时代的必然结果。

其次,大数据时代高校思想政治教育"三全育人"将促进工作与学术创新。以大数据技术为基础,深度挖掘大学生的实际思想政治教育工作需求,遵循高校思想政治教育工作发展规律,探索有效的方式与方法。大数据技术能够精准掌握大学生的思想变化,进而在思想动态方面准确分析个体与群体思想变化的成因、过程与结果,保证高校思想政治教育"三全育人"教学工作的精准性与科学性;高校思想政治教育"三全育人"由于其研究对象——"人"具有多变性,其研究结论时常具有概括性、模糊性与不确定性。但是利用高校思想政治教育大数据平台积累被研究者的"数据脚印",通过冗余、过滤与分析积累数据,可以找出被研究者的思想与行为的规律。运用大数据分析方法,定性与定量相结合,提出提升思想政治教育工作实效性的对策,具有说服力,弥补了学界相关研究的不足。同时,我国高校思想政治教育工作经历多年的发展,基础已经形成,建设快速发展,拥有高质量师资队伍。但相应地也存在一定不足,主要是教育工作资源整合不足、优质教育资源利用率不高、教育工作资源重复建设与浪费屡有发生。因此,可以利用大数据技术将资源进行统筹掌握,根据发展与需要,将优化后资源转移分配到急需发展的领域,使高校思想政治教育工作立体全程育人符合思想政治工作自身规律发展要求。①

最后,大数据技术应用于高校思想政治教育"三全育人"有助于实现"以学生为本"的工作目标。大学生正处在我国经济与社会深度改革与转型的特殊时期,社会改革与转型增加了高校思想政治工作的难度与不确定性,在新形势、新条件下带来许多新的挑战。而高校思想政治教育工作关系到高校培养什么样的人、如何培养人及为谁培养人这些根本问题。多角度、多层次与全方位的高校思想政治教育"三全育人"可以应对当前思想政治教育工作的复杂情况,并发挥思想政治教育工作的整体效益,形成合力,促进人的全面发展。在实现全方位育人目标上,以基于立体教育理论的高校思想政治教育"三全育人"作为新型工作模式。在实现全程育人目标上,强调大数据技术在高校思想政治教育"三全育人"中的运用,对大

---

① 刘国龙,陈波.高校思想政治教育大数据平台运行机制探析[J].思想政治教育研究,2016(6):121.

学生教育工作大数据全程式管理，可以保证全面长期地掌握大学生的思想动态与行为规律，保证思想政治教育工作的贯穿性、连续性与实效性。而依靠大数据分析，可以实现个体思想政治教育工作的精准性与针对性，体现以学生为本的思想。因此，利用好大数据新技术与资源能够快速、准确地了解、掌握大学生多维性思想动态。一方面，大数据的精准性使思想政治工作倍具说服力；另一方面，大数据的针对性使思想政治教育工作倍具亲和力；与此同时，大数据的实效性使思想政治教育工作更具信服力，进而可以通过对高校思想政治教育工作的大数据积累、分析、评价与预测，保证高校思想政治教育工作具有贯穿性、连续性与预测性，最终为高校思想政治教育工作提供扎实有效的科学理论与决策建议。

2.3.3 基于大数据的高校思想政治教育"三全育人"体系构建

运用立体教育的理论，整合优化现有高校思想政治教育工作的资源，构建以多角度、多层次与全方位为目标的高校思想政治教育"三全育人"模式。将大数据与高校思想政治教育"三全育人"结合，旨在帮助思想政治教育工作者在"三全育人"模式中全方位掌控大学生思想动态变化，通过接受与监测大学生信息反馈大数据，明确其思想动态的节点、线段与波值，开展精准式教育引导工作，提升高校思想政治教育工作实效性。

首先，搭建出大数据时代高校思想政治教育"三全育人"模式。随着大学生思想政治工作新情况、新问题的不断出现，仅仅依靠学工教师单方面力量已经杯水车薪，调动和聚集各方面力量去拓展大学生思想政治教育工作势在必行。在大学生思想政治教育工作中充分调动学校党委、思政课教师队伍、专业课教师队伍、学工教师队伍、班主任与大学生自身参与学生工作的积极性，使他们各司其职，在工作中互相配合、互相补充，将学生政治工作做细、做实、做新，形成以一个由工作总目标、两条主线、四个关节连接点、五个维度平面与一个大数据平台组成的"124451"立体全程育人模式。"1"即以大学生作为工作目标；"2"是纵向线为专业教师，横向线为学生形成主线；第一个"4"为学校党委、思政课教师、学工教师、班主任的关节连接点；第二个"4"代表打造课堂教学、校园文化、社会实践与互联网教学的4个课堂协同联动的高校思想政治工作体系；"5"即马克思主义思政理论课教育、通识类选修课教育、专业课教育、思想政治工作与党课党政教育等教育教学平面；"1"即以思想政治教育工作大数据平台为基础，借助多种媒介建立的与工作目标之间隐形交互信息数据链接,通过感知、收集、监测、分析、共享数据,会对工作目标进行统筹掌握,进而开展个性精准性引导工作的大数据系统。大数据时代高校思想政治教育"三全育人"模式,以合力建设为追求,以教育资源的立体化为结构特征,能够在有限的时间和空间中以多角度、多层次、全方位的方式对大学生施加整体连贯教育(图2-1、图2-2)。

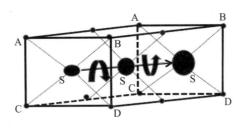

注:A、B、C、D分别代表学校党委、思政课教师、学工教师、班主任;S为工作目标——大学生;细虚线为隐形交互信息大数据链接。

图 2-1 大数据时代高校思想政治教育工作"三全育人"模式立体图

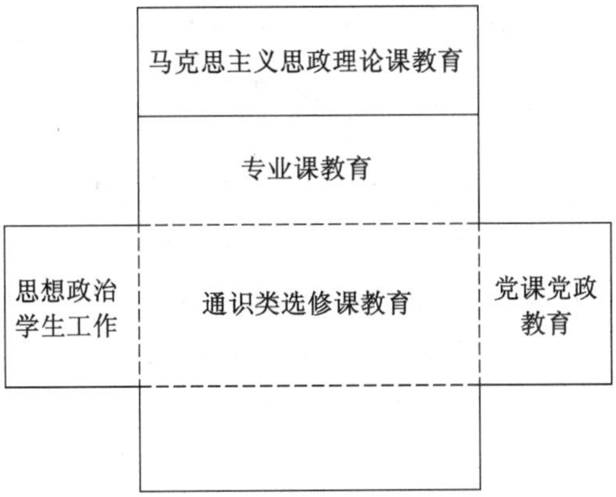

	马克思主义思政理论课教育	
	专业课教育	
思想政治学生工作	通识类选修课教育	党课党政教育

图 2-2 大数据时代高校思想政治教育工作"三全育人"模式教学平面图

其次,打通大数据时代高校思想政治教育"三全育人"实现路径。高校思想政治教育"三全育人"首先需要学校党委团委、学工与教务部门等力量,建立大学生与教师的综合信息数据库,进而发现与挖掘现有各方面、层次与类型的思想政治教育工作资源,通过优化后整合到"三全育人"模式中,形成资源丰富、手段多样的高校思想政治教育"三全育人"新格局,进而搭建高校思想政治教育"三全育人"大数据平台,其具有信息发布与推送、回路信息的接收与存储、信息数据整理、信息数据的分析与信息数据的反馈的能力等特点,体现多层次、多维度与全方位的特性。

需要注意的是，高校思想政治工作的数据丰裕程度与质量高低直接决定高校思想政治教育工作的速度与质量。因此，在智能设备与智能穿戴设备普及的今天，要在数据源采集上开发出贴合大学生需要与方便教师工作的移动终端系统，保障取样基数的最大化。最为关键的是，高校思想政治教育"三全育人"育人工作大数据分析必不可少，分析模式中包括目标数据理解、建立模型、模型评估、分析发布等方面，其中目标数据理解是大数据分析的基础，建立模型是大数据分析的核心，模型评估保障大数据分析的稳定，分析发布是大数据分析的目标。①

再次，明确大数据时代高校思想政治教育"三全育人"运行机制。大学生是高校思想政治工作立体全程育人的核心点，只有抓住核心点才能带动其他点、线与面的联动；专业课教师与大学生作为两条主线是重要组成部分，专业课教师与大学生接触面较为广泛，能够掌握大学生思想变化基本情况，同学作为大学生重要人际网络，能够更加直观与准确地掌握彼此的生活与思想动态；学校党委、思政课教师、学工教师、班主任是大学生思想政治教育工作的主要教育与引导者。高校思想政治教育"三全育人"将打破各自界限，形成合力，使他们之间相互配合、相互协调，清除大学生思想政治工作的死角，有效增强工作深度与广度；高校思想政治教育"三全育人"工作将贯穿于五个教育教学平面过程中，有力保证各类课程与思想政治教育工作同向同行，形成协同配合效应。同时，高校思想政治教育"三全育人"与大数据衔接是有效运行关键。在育人过程中会产生大量的思想政治教育工作数据资源，利用高校思想政治工作大数据平台去收集大学生"思想数据脚印"，通过去除冗余数据，过滤无用数据，分析积累真实数据，找出大学生的思想与行为的规律，进而根据需要诊断群体或者个体思想问题，并能进一步预测被研究者未来的行为，保证高校思想政治工作立体全程育人的精确性、长期性与科学性。高校思想政治教育工作大数据运用也要秉持整体性与具体性结合，开放性与安全性并重，平行性与可分解性恒重的运行原则。

最后，探索大数据时代高校思想政治教育"三全育人"管理与发展。在面临许多新挑战的今天，如何正确使用大数据新技术、新资源为高校思想政治教育"三全育人"服务，需要正确科学的管理体制。一是观念上要

---

① Dwork Cynthia. The high education for big data analysis [J]. *The Communication of the ACM*，2011 (1)：36 – 49.

充分认识到党在高校思想政治教育工作中的领导与决策地位，坚持中国共产党高校思想政治教育工作立体全程育人的引领与领导核心。二是探索制定大数据时代思想政治教育"三全育人"管理体制，包括制度核心、体系构建、内容组成、制度运行等。建设好大数据时代高校思想政治教育"三全育人"管理体制，有助于在各方齐抓共管形成合力局面。厘清职权界限，各司其职，工作中有侧重、有交叉、互相配合、互相补充，更好地为大学生思想政治教育工作服务。三是大数据时代高校思想政治教育"三全育人"为未来发展留足空间与基础。大数据时代未来是人工智能时代，高校思想政治教育"三全育人"大数据化是为未来人工智能时代的高校思想政治教育工作夯实基础，因此，要在数据管理层面上维护好所获得积累数据的安全性与完整性，要在建设与运行大数据化的高校思想政治教育"三全育人"过程中，秉持开放与学习的态度。只有与数据统计学、计算机程序学、图书情报学、思想政治教育学理念及高校宣传思想工作交叉融合发展，才能将大数据时代高校思想政治教育"三全育人"发展成高校思想政治教育工作的新观念、新范式与新方法。

本章结语

大数据时代大学生思想政治教育是对现有高校思想政治教育工作的新思考，在研究过程中，要从理论、实际工作出发，重点解决好大数据时代高校思想政治教育的实现是否为解决高校思想政治教育工作问题的有效对策，将大数据嵌入高校思想政治教育工作中，切实提升"三全育人"的实效性。因此，就需要解决好怎样利用大数据优化整合现有高校思想政治教育工作资源，在"三全育人"模式中形成合力，以及如何实现多维多方在高校思想政治教育工作中满足数据需求、使用的协调统一的问题。只有将重点与问题同时并重、同向而行，才能实现大数据时代高校思想政治教育育人的总目标。

3 大学生思想政治教育大数据平台架构机理

大学生思想政治教育大数据的实际应用的方式与本质目的，一般认为有"学习者学情分析"（Learning Analytics），这是一种使用"学习环境""学习历程""教学历程""数据管理""学习绩效"等大量的异质性数据经过整理与分析后，用于促进学习、教学及行政管理成效的方法论。但早期此一方法论刚被提出时，由于数据探勘与分析方法仍有诸多限制，因此，在当时仅被视为一种发展中的方法论。不过，随着大数据分析技术逐渐成熟，已经有各式各样的开放原始码的工具或算法可供一般研究者、教学者与学习系统开发者应用。因此，在分析探讨全球高等教育与学习趋势中最著名的"地平线报告"（Horizon Report），其 2018 年版强调未来的一年之内，因为数据与技术逐渐成熟与完备，将学习分析套用至各种教育现场的最佳时机即将到来。① 学习分析的三大目标是将学习资料汇整，系统地整理过去详细的学习相关数据；进行学习趋势分析，用以辨明学习变数的历程趋势与变数间的相关性，并提供未来的学习预测；建立预测模型来预测学习者学习行为与成果，并提供对应的学习、教学与行政管理等面向的建议。

3.1 大学生思想政治教育大数据平台建构背景与目标

借由信息技术的协助，人类有了储存大量数据的能力。但随着时间的推移，数据持续不断地大量产生并累积。若能以适当且有效率的方式来将这些异质且庞大的数据转化为有用的信息，将有助于强化人们在生活中的

---

① Perera, D & Zaiane. Clustering and sequential data mining of online collaborative learning data [J]. IEEE Transactions on Knowledge and Data Engineering, 2019（6）：772.

各式应用与决策之成效。当累积的数据量大到人们无法在有限时间内进行搜集采取、储存管理、分析处理,并汇总呈现为让人们易于解读的客观信息时,此种标准类型的数据可视为大数据(big data),又称超广巨量型数据。然而在科技不断地创新与进步的同时,以往需要超级电脑方能处理的庞大数据集(data sets),如今也可被一般个人电脑处理,因此,单纯只依赖数据量的规模大小来作为大数据的特征则是不够精确的,也是存在偏颇的。

3.1.1 大学生思想政治教育大数据平台建构背景

大数据,此一专有名词在早期刚被提出时,Laney(2001)便定义大数据必须具备数据即时产生的速度(velocity)、数据格式的多样化(variety)与数据数量的规模(volume)和效度性(validity)等4V特性。随着网际网络的普及,网络使用者与社群网站也快速增加,同时促进各式各样的互联网社交活动,像电子商务、网络直播及数字化学习等。而这些数字化的活动会快速产生数量日益庞大的以0或1为标准的数字化数据,数据量很轻易便能达到TB(TeraByte)等级,甚至很容易上到如PB(PetaByte)、EB(ExaByte)或更大单位的等级。由于数据产生的管道与方式越来越多样,数据产生的速度也越来越快,虽然4V的特性能够帮助我们了解大数据与一般数据的差异,但是若进一步考察各式专业领域的差异性,则有必要增加其他的数据特性,来更精确地描绘出不同专业领域中大数据的实际应用。[①] 所以当大数据相关研究与应用持续发展时,便有专家与研究者提出可以再增加2V的特性,第五个V是美国快捷药方控股公司(Express Scripts)的首席数据主管Inderpal Bhandar提出的数据内容的准确性(veracity),而第六个V则由其他学者提出可加入需要审视数据分析后的价值性(value),至今扩展为6V的大数据资料特性是在4V基础上的进一步考察,但无论如何定性,这些大数据应被有效分析,并过滤出偏差或异常的部分,以避免损害到大数据本身的完整性与正确性,甚至影响到辛苦取得这些大数据来分析后所能产出的价值。

在大学生思想政治教育领域中,传统纸墨印刷的书籍借助信息技术的辅助得以转变为数字化教材的来源之一,一般认为这就是最初阶段的数字化学习(E-learning),数字化学习为学习内容提供了一个很庞大的开放教

---

① Darnell Anastasiou & Rachel Gupta. Comparison of crowd sourcing translation with machine translation [J]. *Journal of Information Science*,2011(6):637-645.

育资源库,数字化学习是借由电子媒体作为教与学中介工具的学习方式,随着应用的载具与科技的不同,学习内容能够以更多样的形式传递与呈现给学习者,同时学习者、教学者、信息技术及学习环境支持等是学习是否成功的四大关键因素。其中,我国以爱课程、超星与中国知网等网络教育为中介的在线课程(online course)更是当前重要的数字化学习方式之一,各国教育机构在这十几年来陆续开发了许多数字化线上课程,越来越多的教学者与学习者在同步或非同步的网络教室里进行教与学的活动。多年以来,在各式平台上所有的网络课程与学习活动记录就成为教育大数据的重要来源之一。除了线上互联网教室中的在线课程外,现今传统实体教室(physical classroom)的课程也采用多样化的教学策略辅以多媒体数字化教材。相较于传统纸本教材,数字化教材具备多媒体丰盈程度,对学习者学习抽象概念与知识时会更有帮助。也正是因为应用大量互联网学习与教学科技,整个教与学过程的所有信息能够被完整地记录并长久地保存。学习者使用数字化课程来学习的过程中,以往只能记录学习者看过哪些教材的页面或点选过哪些多媒体内容。随着更多种类感测器与学习经验收集工具可供教学者或研究者选用后,即使学习者使用同样的数字化课程,学习过程中能够收集到的学习过程记录种类也变得越来越多样,且数据量日趋庞大。而现今利用思想政治教育大数据分析将可以产生新的分析与应用,再辅以利用思想政治教育大数据的许多不同分析方法后,可以针对数字化课程的设计与使用,做到更细致的交叉分析比对,这也是以往仅使用传统纸本教材时难以或无法收集到的思想政治教育相关数据。

"大数据"一词被提出后,由于网络上数字化的数据近年来持续地急剧增加,因此,大数据的分析与应用也在各种领域的研究范畴中被用来解决诸多实务上的问题。在思想政治教育领域中,当整个教与学的过程能够被数字化保存的记录越来越详尽时,将会促使教与学的模式持续进步与创新,进而能提供学习者更好的学习辅助,也能协助教学者更精确地改进教学策略。2012年,原本仅仅是学校内的单一门在线课程,也由于信息技术的成熟,发展出了大规模开放在线课程(Massive Open Online Courses,MOOCs),这是一种完全通过互联网网络进行,且以大规模数量学习者为出发点而设计的在线课程。在线的学习者数量庞大,MOOCs运用伙伴审查(peer review)、分组合作与自动化在线评量等机制来达成大量响应学习者需求与提高学习互动性的目的。因此,此时不再只是记录有关数字化教材设计与使用的数据而已,学习者在此类型课程中的所有学习过程都能够被完整地保存为数字化的数据。这当中包含了学习者与其他大量在线学生的学习互动行为，同时也产生了极大量、复杂，且多样的学习过程记录，这些记录在学习系统中得以被记录与保存。以往传统的只依赖教学者或少数研究者来进行数据分析的方式，已经开始显得效率不足。越来越多研究者投入思想政治教育大数据分析方法论的研究中，将适合此类大量学习历程数据的分析方法，利用专门的电脑算法来进行数据处理与分析。[1] 借此以弥补人力无法负荷的即时大量运算过程，进而获取对学习者有助益的学习信息，除了对于改进学习辅助策略有益外，亦可提供给教学者作为提升教学质量的参考建议。在互联网慕课教室中，学习管理系统（Learning Management System）或数字化学习工具，随时跟进学习者与教学者相关的学习活动，数字化的学习记录也比传统的纸本记录更容易保存，并进行相关的数据分析。此外，在实体教室中收集学习过程与学习经验的学习科技发展也没有停滞。随着无线移动网络（Wireless Sensor Network）的发展，无所不在感测（ubiquitous sensing）环境的不断完善，进而形成万物互联的物联网，物联网提供了人与物、物与物之间的通信能力，其一部分基础设施与当前互联网网络将紧密地连接在一起，搭配合适的应用场景可进一步扩大形成万物联网的智慧网络，进而协助人们以不同角度来认知所处世界的动态运作。像是微软公司和可汗学院合作提出将无线射频识别系统（Radio Frequency Identification，RFID）置于数学乘法学习教具之中，打造一个沉浸式智慧型教室学习系统，让学习者透过内置RFID教具与机器人进行互动学习，进而在悦趣的大数据化环境中学习数学乘法的概念与知识。此研究结果发现，相较于传统课堂教学，使用沉浸式智慧型教室学习系统的学习者具备更多动手实作与知识建构的机会，并且在学习过程中更加愉悦。这些测试器在思想政治教育场域中的应用，其目的皆是尽可能更多地搜集教与学场域所发生的学习相关数据，这些数据的种类越多样，内容越详尽，便越能够提供更完整的思想政治教育大数据分析数据源，让分析结果能做出更贴近实际教育场域中教与学情形的建议。

除了放置在教育场域中的环境或物品的侦测器外，针对教学者或学习

---

[1] Magan Abdous, Wei He & Chong Yen C. Using data mining for predicting relation ships between on-line question the mean final grade [J]. Educational Technology&Society, 2012 (3): 77-82.

者体的感测器应用便是穿戴式科技（wearable technologies），或称穿戴式装置（wearable devices）。穿戴式科技将人们平常穿戴的服装或饰品与微型侦测器结合，进而这些装置能够提供使用者与其直接相关的信息与应用。目前的穿戴式科技可以执行许多与电脑和智慧型手机相同的功能，如收发短信、接听电话、GPS定位等。在某些情况下，穿戴式科技的便利性与需求性将会优于智慧型手机。穿戴式科技更大的优势就是可以侦测人体的生理信号，如心跳、血压、脉搏与热量消耗等，通过这些信息进一步给予生物信息反应回馈（biofeedback）。穿戴式科技往往指的是可以方便戴上与取下的物品，如隐形眼镜、头带、手表、戒指与手镯等物品。但也有部分是在人体内植入微小的芯片或使用智慧文身（smart tattoos）等较具侵入性的方式来获取数据对象生理信息。然而无论是非侵入式还是侵入式的穿戴式科技，目的就是要提供给使用者一个方便、无缝（seamless）、便于携带，且无须一直拿在手上的小型电脑。穿戴式科技在健康、医疗与健身上有许多成功的应用案例，其在游戏、娱乐、教育等方面也有许多创新性的应用，例如增强现实（Augmented Reality，AR）可以与穿戴式科技结合，打造一个令人身临其境的学习环境，让学习者可以透过穿戴式科技的辅助来增加学习的意愿与成效；或者将穿戴式科技与体感科技结合，让使用者可以运用更自然的操控方式来完成学习任务。穿戴式装置在各个领域上的发展现在都逐渐崭露头角，对社会与文化的冲击更是不容小觑，而其能够搜集到的大数据更是以往传统方式比较难取得的，因此，其搜集到的数据能作为更详细的且即时的数据源，提供更完整的学习过程，来进行思想政治教育大数据的应用，应当是当下最好的选择之一。穿戴式科技产品在生活或是教育消费市场兴起之前，已有多位学者进行了将近几年相当热门的行动学习，并与无缝式线上线下学习结合展开研究。例如，日本筑波大学教育研究院的 Nakasugi 和 Yamat 两位教授将穿戴式科技应用于世界历史课程教学中，通过侦测学习者的位置，播放该处的历史场景与故事。他们的研究证实了在穿戴式科技应用得当时，可以让学习者更身临其境，并增强学习动机。在学习过程中利用穿戴式科技采集信息，运行情境感知运算，能够为学习者提供更为合适的学习内容。此外，也有学者将穿戴式科技应用于机动型职员（mobile worker）的教育与学习上，提出的系统能有效配合机动型职员训练、满足学习与知识管理的需求。学习者或教学者在教育场域中的生理信息，是以往没有应用穿戴式科技时无法搜集到的。此外，生理信息类型的数据生成的速度也是非常快的，若这些生理信息能够纳入学习者的学习过程或教学者的教学历程中，那么透过思想政治教育大数据的多类型数据交叉分析的方式，便能够更精确地描绘出在教育场域当下的实际情形，进而从另一种分析视角来解读这些学习或教学历程记录，找出在教育场域中潜在的问题或做出有别于传统分析模式的建议。

　　无论是物联网中的感应器，还是穿戴式装置，其主要功能仍然在于数据搜集。为了有效利用这些思想政治教育大数据，进而得到可供决策与执行的信息，相应的储存平台与分析工具仍然是必须具备的。云端运算可为此目的提供一个有效存取的分析服务。美国国家标准与技术研究所（National Institute of Standards and Technology，NIST）在对于云计算的定义专文中，定义云计算是一种服务。使用者可以透过网际网络进行所不在的、便利的、依需的存取服务（on-demand network access），即使用最少的管理成本，也可以快速远距离修改软硬件配置的共享运算资源，例如网络、服务器、储存体、应用程序、服务。换句话说，搭建教育云（educational cloud）可以提供基础设施即服务（Infrastructure as a Service）、平台即服务（Platform as a Service）与软件即服务（Software as a Service）等多种教育类服务云。此外，还有具备一些机制可以管理及监控这些服务的资源，尤其是虚拟化的应用，可以使得分散的实体储存体组合成一个巨大的虚拟储存体，对于思想政治教育大数据应用最先会遇到的储存议题或后续对高效能分析运算能力的取用需求，都能够提供一个现成且便利的服务。举例来说，在2011年的时候，美国麻省理工学院已经在实际教学中，将云端服务应用在大学高等教育体系中，软件应用可以随时随地进行需求存取、使用付费，开辟了新的研究与商业合作的机会，以及让学习者有机会接触更多的新技术等。同时提出了安全方面的顾虑、解决方案的成熟度不足与缺乏标准等诸多待解决的议题。[①] 2012年，加州理工学院则提出了将现有数字化学习的环境转移到教育云中，并结合情境感知（context-aware）的技术，在云端运算环境中，提供个性化及定制化的学习服务。今天，世界各国将云计算环境运用在科学及教育方面的趋势日益增加，通过让高年级的小学生，以Web 2.0的方式，对于网络资源进行标签注记

---

① Maggie Arcan, Milton Popovic & Paddy Buitelaar. Asistent—a machine translation system for Slovene, Serbian and Croatian [J]. *In Proceedings of the 10th Conference on Language Technologies and Digital Humanities*, *Ljubljana*, *Slovenia*, 2012 (9): 1160.

(tagging resources)，成果是集众人之力量与智慧所完成的，能让学习者获得高满意度的学习经验与学习成效。

3.1.2 大学生思想政治教育大数据平台建构目标

教学生态（pedagogical ecology）是在有了 Web 2.0 环境后产生的教育新观念，也就是学习社群产生新的社交学习互动后，对于传统及数字化学习的高等教育将带来新的全面性影响。在互联网学习社群里的参与度、学习经验的个人化及学习者的生产力会以知识创造作为成果而被展现出来。同时学习者产生内容（Learner-generated Content，LGC）的观点与应用也开始被重视，并应更有效运用学习科技支持以学习者为中心的学习（Learner-centered Learning），这类新兴互联网学习社群的互动与学习内容产出方式的改变，为思想政治教育提供了更多新类型的学习历程数据。此外，终身学习也是一个被重视的教育趋势，学习历程数据呈现场域越来越多变、产出快速且长期的特点。为了能够更好地从这些数据中获取有助于教育场域实际的活动建议，采用大数据的分析方法论来处理这些数据很有必要性。为更好地支持以学习者为中心的学习，许多新兴科技也陆续被应用于学习中，例如机器人、智慧型手机、平板电脑及体感科技等。许多学者证实这些新技术可以导入教学活动中，并提升学习者的学习成效。教学者也可透过更多新的学习科技来发展更丰富多元的教学方式。所采用的科技媒体必须与学习内容特性进行适当的搭配，才能够真正帮助学习者对学习内容的认知理解有所提高。现今学习科技于学习辅助的操作界面，主要还是依赖以键盘与鼠标为主的图形化操作界面（Graphic User Interface，GUI）；随着信息技术的不断进步，许多教育应用亦开始导入自然人机界面（Natural User Interface），借此希望使用者可以透过一个自然、直观的操作方式来学习，并更好地支持以学习者为中心的应用。① 在科技蓬勃发展的过程中，当学习者与这些新的学习科技互动时，学习过程也同时会产生大量的数字化学习历程数据，要如何有效结合这些不同的新兴学习科技，并分析这些巨量的学习过程信息，用以辅助学习者以达到强化学习成效之目的，正是目前许多信息教育领域的学者所关注的议题之

---

① Kenwilson Wilson, Caivin Boyd & Lei Chen et al. Improving student performance in a first-year geography course: examining the importance of computer-assisted formative assessment [J]. *Computers & Education*，2016（2）：1493-1510.

一,因此,构架出符合新时代大学生思想政治教育学习需要,思想政治教育教学工作需要的大学生思想政治教育大数据平台,成为思想政治教育在大数据时代发展至关重要的因素。在下面章节中本研究将集中整理分析大学生思想政治教育大数据平台构架的机理与应用现状。

3.2 大学生思想政治教育大数据平台架构逻辑

大学生思想政治教育大数据来源于业务应用系统、互联网和物联网等多途径,经过大学生思想政治教育大数据处理系统的分析挖掘,产生新的知识用以支撑决策或业务。根据大学生思想政治教育大数据平台架构的生命周期与技术逻辑要求,大学生思想政治教育大数据平台要经过对数据源分析挖掘,最终获得价值。一般需要经过数据采集、数据处理、数据分析与展现等环节,每个环节都面临不同程度的技术挑战。同时需要注意的是,大学生思想政治教育大数据的隐私和安全也是一个不可规避的伦理与技术上的难题。

3.2.1 数据采集环节

为了保证大数据的可用性,首先必须在数据的源头上把好质量关,做好从原始数据到高质量信息的预处理。与传统教育数据相比,教育大数据的来源更加多样化,包括业务应用内部数据库、互联网数据和物联网数据,不仅数量庞大、格式不一,质量也参差不齐。这就要求数据采集环节规范格式,进行初步的预处理,便于后续存储管理,具体的关键技术包括数据源的选择和高质量原始数据的采集方法;多源数据的实体识别和解析方法;数据清洗和自动修复方法;数据演化的溯源管理;数据加载、流计算、消息传输等技术。

具体而言,包含如何从数据拥有单位手中收集到所需要的内容作为数据源,主要的收集内容即包含通过各种方式所搜集到的思想政治教育大数据源,将这些来源的学习资料进行整理供后续储存与分析使用。为了从大学生思想政治教育大数据的分析中得到更可靠、更精准的分析结果以利后续应用与执行,数据内容往往会采用多重来源,也因此异质性数据的搜集与整理在大学生思想政治教育大数据应用时便是首先会面临的议题。比方说在学习环境与学习过程两种数据源中,就会包含来自各种无线感测器的各种环境数据与多项学习者学习过程记录,其数据结构、纪录频率、数据单位、数据加密方法及其各项数据特征皆会有所差异。在目前学习科技持续进步的同时,教育教学场景中实际应用势必会有越来越多的异质性学习资料被建立,如何将异质的数据进行系统化的处理与统整,以确保后续分析过程能够顺利进行,并不被质量不佳的数据影响分析结果是相当重要的。在实际操作第一步骤的过程中,应用适当的工具,例如图形化数据库管理工具(PHP My Admin、Fast of NoSQL 等)、去识别化工具(Cornell Anonymization Toolkit、RED CaP 等)及数据加密工具(True Crypt、Vera Crypt 等),有助于资料收集更顺利地进行。[1]

3.2.2 数据整理储存环节

数据整理储存环节包含数据整合、数据储存两个方面。数据整合是指通过高质量的数据整合方法,对数据进行加工处理,并尽可能地在保留原有语义的情况下去粗取精、消除噪声,从全局的角度保证数据的一致性和相关性。数据储存是所有数据的集中存放地,主要用来存放各种结构化、半结构化和非结构化的历史数据、预测数据和汇总数据等,其他数据还有主数据和需要共享的数据等,大学生思想政治教育大数据平台存储系统不仅需要以极低的成本储存海量数据,还要适应多样化的非结构化数据管理需求,具备数据格式上的可扩展性。大学生思想政治教育大数据平台处理技术是大数据分析应用的重要支撑,由于大数据处理具有多样性和复杂性,因此,需要根据处理的教育数据类型和分析目标,采用适当的算法模型快速处理数据。海量数据处理要消耗大量的计算资源,对于传统单机或并行计算技术来说,速度、可扩展性和成本上都难以适应大数据计算分析的新需求。而分而治之的分布式计算成为大数据的主流计算架构,但在一些特定场景下的实时性还需要大幅提升。近几年来,学术界和业界不断研究推出新的或改进已有计算模式和系统工具平台,主流的大数据平台改进后将与其他计算模式和平台共存;混合计算模式将成为满足多样性大数据处理和应用需求的有效手段;内存计算将成为高实时性大数据处理的重要技术手段的发展方向等。

数据存储环节,就是着重在于如何存放好前一阶段所整理好的各式数

---

[1] Kenwilson Wilson. Caivin Boyd & Lei Chen et al. Improving student performance in a first-year geography course: examining the importance of computer-assisted formative assessment [J]. Computers & Education,2016(2):1493-1500.

据。然而实际上一方面前一阶段所处理过的数据仍然是分散于各种数据库或数据表内,所以仍然有必要视分析应用的需求,来建立专为后续分析使用的数据库以避免如数据重复储存、数据切割、备份机制等问题;另一方面也可以避免当数据持续更新与数据结构持续变动时,后端的分析运算处理过程不会影响到使用者端应用程序的数据存取与运作。此外,当数据库所能够包含的数据源越多时,代表越可能为后续的分析与应用提供更完整的信息。因此,在此一阶段中可以考虑采用平行储存构架(Hadoop Distributed File System,HDFS 分布式文件数据系统)或 NoSQL(Not only SQL,非关系型数据库)数据库,目的在于保有未来数据维护与应用开发的冗余弹性空间。在大学生思想政治教育大数据平台中,此一阶段中必须包含的一个下位层级阶段是"明觉"(discover),就是有必要在此时先确定好所需要深入了解的目的为何,才能够使欲储存的数据资料明确化。通过过往历史记录与即时数据更新,欲储存的数据可包含学习者的学习能力、偏好和能耐、学习者的学习地点定位、学习者使用的学习科技、学习者周遭可用的科技及学习者学习情境的变化等关联因素。[1]

3.2.3 数据分析环节

通过数据分析才能从纷繁复杂的大学生思想政治教育大数据中发现规律,提取新的知识,这是大学生思想政治教育大数据平台价值挖掘的关键。传统教育数据挖掘对象多是结构化、单一对象的小数据集,挖掘更侧重根据先验知识预先人工建立模型,然后依据既定模型进行分析。对于非结构化、多源异构的大学生思想政治教育大数据集的分析,往往缺乏先验知识,很难建立显式的数学模型,这就需要发展更加智能的数据挖掘技术。例如,建立统一的算法模型和技术路线,将高维数据分析作为大数据技术的核心。从传统方法的二维的、片面的分析方式,转变为大数据立体的、全息的分析方法。这些高维分析具体包括更加复杂、更大规模的分析和挖掘;大数据的实时分析和挖掘;大数据分析和挖掘的基准测试;等等。以直观的方式将分析结果呈现给用户,并服务于决策支撑,是大学生思想政治教育大数据平台数据分析的重要环节,如何让复杂的分析结果能

---

[1] He Wang, Darin Can & Allen Kazemzadeh, et al. A system for real-time twitter sentiment analysis of 2014 U. S. presidential election cycle [J]. *In Proceedings of the 55th Annual Meeting of the Association for Computational Linguistics*,2016(6):115-120.

够易于理解也是急需解决的重要问题。

　　大学生思想政治教育大数据分析则是运用各种数据探勘与统计分析的方法与技巧，来找出储存的数据中所隐藏的数据模式（pattern）、趋势（trend）与未知的关联性（unknown relationship）。而为了从大学生思想政治教育大数据中找出这些有用的信息，接下来面临的问题便是应该采用怎样的方法来进行分析，并得到有用的信息。目前，在大学生思想政治教育大数据的分析中，较常使用的有七大分析目的，每一种分析目的中所采用的各式方法与技巧有时会相似，但皆是以过滤出有用信息为目的，尽可能采用各种可行的方法与技巧。

　　第一种分析目的是社会网络分析（social network analysis），其可以用于找出在现实或网络学习环境中，寻求学习辅助与相应的学习回馈之间的行为。也可了解在现实或网络学习社群中，社群成员之间的各项提问、反思和讨论的过程与所着重的学习概念及障碍之间的关系。更可以帮助教学者找出在同伴朋友关系中，较常互相讨论而具有较佳学习成效的学习者，或找出可能有潜在问题的学习者来帮助教学者进行班级管理。[①]

　　第二种分析目的则是内容分析（content analysis），其本质是一种对具有明确数据特性的内容进行的客观且系统的量化描述与分析的研究方法。可以用于课程质量与学习过程的评比，并且透过具体的量化数据将结果以容易理解的方式呈现出来，进而了解课程设计或学习过程的不足之处，并做出对应改善。另外，高等教育研究者不仅可以用此方法来进行教育教学研究文献分析，而且可以根据书目或对共现字进行分析或将文件中的主题与各项摘要进行交叉分析。

　　第三种分析目的则为情绪分析（sentiment analysis），在思想政治教育的应用中其提供了一个新的维度，例如学习者遇到学习障碍时会有沮丧的情绪表现。此一分析方式可供学习者了解自己在学习过程中的情绪变化，对于自己的学习效率与成果的影响能有更进一步的了解。对于教学者而言，此一分析结果能够帮助他们了解学习者对于课程的回馈。特别是在线上课程中，即使没有如同实体教室中以面对面观察学习者的方式可用，教学者也能透过学习情绪分析的结果了解学习者对于自己的教学策略的回馈，并对于班级管理的教学提供参考。对于研究者而言，通过情绪分析结

---

① Roxy・C. Sugimoto, Riva. H・Ekbia & Miah Mattioli. Big data is not a technology [M]. Massachusetts：MIT Press, 2016：298.

果来设计更适合个别学习者的辅助机制,能更精准地在适当时机点给予学习者对应当下情绪的学习辅助内容与呈现方式,以期达到更好的适性化学习。

第四种分析目的则是学习任务分析(learning task analysis),此一目的则重于对学习者学习任务相关的信息来进行分析。学习者在学习过程中进行学习任务的互动、反思与自我调整等学习行为与成果,对于教学者而言,可以进一步建立学习者在特定学习任务中的学习成果预测模型,进而协助教学者改进学习任务之设计,保证学习者更好地进行学习任务,并获得更好的成效。

第五种分析目的则是认知能力分析(cognitive competency analysis),其目的在于评价学习者通过不同的学习方式进行学习后,其认知能力受到的影响。对于学习者、教学者与教学行政管理者而言,可以对所采用的学习内容、学习策略、教学法与制度进行有效性的建模。比如学习者在学习特定学习主题或抽象概念后,其新建立知识的成效,促进了学习反思层次的提升效果。

第六种分析目的则是可视化与仪表板化分析(visualization and dashboarding analysis),此为撷取学习者学习活动轨迹后,以可视化与仪表板化的方式有效呈现分析结果。目的在于促进学习者对于学习活动的认知(awareness)、反思(reflection)与意义建构(sense-making),进而促使学习者确立自己的学习目标与进度来达到所希望达到的学习目的。[1]

第七种分析目的为组织决策分析(institutional decision analysis),以此为目的的研究又称教学管理研究(Institutional Research,IR)。国内外的教育组织,特别是高等教育单位为了适应人才需求的快速变化与寻求更有效提升教学成效之法,也开始将教育大数据运用在校务研究上。将校务研究导向以更系统化且有数据为实际依据的决策与实行,进而协助行政管理者来进行学习者学习预测、教学课程设计与整体校务决策。以英国的开放本科为例,探讨教学导向与学习导向的模式,对于课程设计与学习者学习成效的影响,学习者通过英国开放本科学校本身提供的大量在线学习课程,以系统自动化的方式来收集学习者于进行网络学习时的各项学习活动轨迹或行为、对课程的评价与各项学习评量成果等学习资料,探讨其对教

---

[1] Calvin Schoch. Big smart clean messy big data in the university system [J]. *Journal of Digital Humanities*,2013(3):12-13.

学导向与学习导向的模式之影响。借由全校性的课程与大量学习者等数据进行分析，发现以学习导向模式为主的课程中，其修习课程的学习者在课程的参与度、学习成效及对于课程的评价方面皆优于以教学导向模式为主的课程。此外，有关校务研究方面，国内也在2015年10月成立高等教育教学管理研究专业协会，来支持并提供我国高校本科教学管理研究发展、伦理与训练机会等资源，以教育大数据为基础且可实际实行的教学管理研究将是未来的发展大趋势。因此，以大学生思想政治教育大数据为基础开展的思想政治教育大数据管理，已经成为思想政治教育大数据研究的新领域、新目标与新补充，今后此方面研究必然要有很大空间与可以讨论的问题。

3.2.4 数据运用与安全环节

数据运用环节侧重在于"理解"（understand）数据，根据上一阶段工作中所分析出来的结果，并且能够实际运用至所关注或欲改善之情形中，作为学习流程的介入、教学策略的改进与行政管理决策的判断。以学习者的学习轨迹来说，其组成包含可被认知与记录的学习活动，同时为学习分析提供数量庞大、非半结构化及符合学习模型或理论的学习过程数据。像是学习者的行、学习者与同侪和教师的互动、学习者与实物的互动、学习者与数字化教材的互动、学习者偏好的趋势与学习者的技能和知识程度的变化等。

随着思想政治教育大数据的不断发展和研究，在其巨大价值被不断挖掘的过程中，数据的安全和隐私发展呈现出新的发展趋势和挑战。思想政治教育大数据需要建设统一的大数据隐私与安全技术保障，具体包括进一步完善核心数据访问接口的安全保护；防范网络攻击；加强数据操作的安全性，以应对大数据的数据量剧增和动态变化；针对多元数据融合的安全隐私保护技术；保护所有站点的安全和分布式系统；等等。"分散监控型"的模式应成为大数据采集过程保护、存储管理保护及数据的分析使用过程的安全保护，需要由不同的管理决策者来执行，这样可以在一定程度上保护思想政治教育大数据的安全隐私。① 基于以上要点构建思想政治教育大数据的平台架构逻辑，为思想政治教育大数据平台的构建提供合理的技术

---

① Roland Rosenzweig. Scarcity or abundance? preserving the past in a digital era [J]. The American Historical Review, 2013 (3): 760.

逻辑架构。同时,在标准规范的约束下,思想政治教育大数据平台架构包括四层:教育数据采集层、教育数据处理层、教育数据分析与展现层和教育数据应用服务层。其中,教育数据采集通过数据传输接口将采集的各类教育数据传递给数据处理与存储,通过数据处理与整合形成教育数据平台。其中的教育数据分析与展现层基于数据平台,实现教育数据的可视化展现和大数据分析挖掘,产生的各类教育大数据产品通过产品数据接口提供给数据应用服务层。同时,安全与监控贯穿整个流程,以保证技术体系的安全性和可控性(图3-1)。

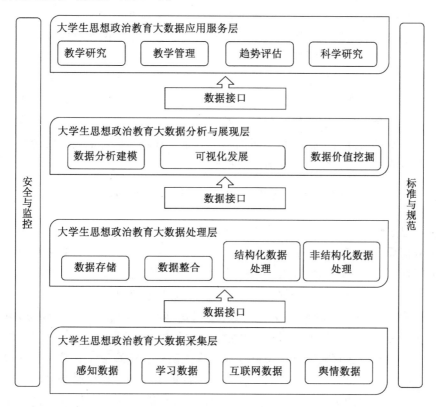

图3-1 大学生思想政治教育大数据平台架构技术逻辑结构图

思想政治教育大数据技术逻辑体系的架构需要在逻辑架构设计的基础上,建立思想政治教育大数据平台,以思想政治教育大数据平台为核心,开发实现数据处理各环节的多个应用系统,通过应用系统和平台的协同运行,将思想政治教育大数据落地得以实现。

3.3 大学生思想政治教育大数据平台架构机理及关键技术

大学生思想政治教育大数据平台运行的方式主要有信息发布与推送、回路信息的接收与存储、信息数据整理与挖掘、信息数据的分析、信息数据的反馈,表现出结构性强、可交互与多任务处理的特征。传统的数据分析模式依赖于抽样调查与互联网固定终端,因而数据样本少且不精准。在移动互联网与智能手机、平板电脑普及与发展的今天,大学生思想政治教育大数据平台模式应采用移动终端来采集与回收数据,因此,应在数据源采集上开发出移动终端适应高校人群的需要,尽最大可能保持调查基数的广泛性。大学生思想政治教育大数据平台架构内容包括思想政治教育信息内容的介入、党政宣传内容介入、舆论平台与舆情分析的介入、心理干预与监控的介入与数字资料资源的介入等。大学生思想政治教育大数据平台架构机制包括分析、控制与反馈机制,引导、协调与整合机制,防范、扩散与教育机制,宣传、管理与决策机制。

3.3.1 大学生思想政治教育大数据平台架构机理

思想政治教育大数据相比于其他商业、医疗或是其他高等教育领域的大数据而言,有一些独有的特征。总结起来就是思想政治教育大数据具有分层性(hierarchical)特点。掌握了不同层级的数据,就可以为身处不同层级的人提供相应的数据报告,帮助他们更好地认知在哪儿、知道什么及能做什么改善(where they are, what they know, what they can do to improve),并可以辅助更科学的决策。

思想政治教育大数据资源已经成为大学高校思想政治工作信息化建设的核心内容。思想政治教育大数据资源进行集中存储、集中管理和实现大数据基础应用的大数据中心是大学高校思想政治工作信息化建设的"中枢"和基础。思想政治教育大数据平台既是各类教育资源的存储中心、信息流通的中间节点,也是思想政治教育大数据业务系统之间协同工作的大数据交换中心,同时也是为各级大学高校思想政治工作主管部门提供思想政治教育决策的数据分析中心。思想政治教育大数据平台总体目标是从计算中心向分析中心演变,分为初始阶段、过渡阶段和融合数据阶段三个阶段,初始阶段思想政治以教育事务性应用为主,教育分析型应用为辅;过渡阶段思想政治教育事务性应用与教育分析型应用并重，对各自系统定位分析，分开建设，减少干扰；融合数据阶段以思想政治教育分析性应用为主，两种应用系统共享融合统一的基础架构。

3.3.1.1 大学生思想政治教育大数据平台架构总体框架

云计算是大数据诞生的前提和必要条件。大数据的处理离不开云计算技术，云计算为大数据提供弹性可扩展的基础设施支撑环境和数据服务的高效模式，大数据的存储管理和分析技术在云计算的发展中凸显出重大的战略意义。因此，大学生思想政治教育大数据平台将在构建分布式存储计算的基础之上，实现数据存储、数据管理和数据分析一体化，具有监、管、控、用等功能。思想政治教育大数据平台将重点基于云计算的大数据存储与管理技术，提升大数据技术的可用性与大数据处理性能，实现对云的海量数据存储与管理，建立数据处理与数据分析工具，提升数据分析的可用性与易用性。因此，基于云计算架构的思想政治教育大数据平台总体框架，应具备多个资源节类的特征，由多个资源节点，例如区域教育大数据平台等共同组成一个海量数据资源中心。各个节点之间地位对等，并可按照节点构成标准进行扩展。思想政治教育大数据资源中心将设计为"节点内的数据集成与存储"与"网络化的数据共享与服务"两大体系。各个节点负责该节点内思想政治教育大数据资源的采集、集成和存储。所有节点的数据资源均通过虚拟化的共享服务门户对各个节点实现透明共享。[1]

3.3.1.2 大学生思想政治教育大数据平台总体组成

大学生思想政治教育大数据平台由四部分构成，分别是资源存储与管理、数据挖掘与数据分析、数据运维管理和教育服务门户。教育服务门户对用户提供服务，另外三个部分为思想政治教育服务门户提供存储、计算分析和运维支撑。大学生思想政治教育大数据平台中的思想政治教育服务门户为相对应用户提供思想政治教育资源相关服务，各个资源节点的思想政治教育服务门户共同构成一个虚拟化的海量数据资源中心门户，提供源数据、用户和认证策略的全网同步。服务门户将根据用户的服务策略和特性按需提供信息，并通过大数据传输与交换实现全网数据的透明共享。资源整合与集成、资源存储与管理、大数据运维管理平台仅负责所属节点内多源异构大数据的集成，海量数据的存储管理，源数据的提取、构建与发

---

[1] 唐斯斯，杨现民，单志广，等．智慧教育与大数据[M]．北京：科学出版社，2015：57．

布及其节点内运行资源的调度与控制。

3.3.1.3 大学生思想政治教育大数据平台架构应用架构

大学生思想政治教育大数据平台依托云计算技术，综合利用存储和计算资源，通过共享分析过程和成果，实现大学生思想政治教育大数据分析和利用的集约化，并在大学生思想政治教育大数据共享和服务模式上进行创新。通过对大学生思想政治教育大数据的统一存储、分析计算和运维管理，建立两套技术体系，分别是海量异构数据资源存储体系和多源异构数据并行分析系统。两套体系融合发展，一方面增强大学生思想政治教育大数据存储分析管理的运维水平；另一方面加强大学生思想政治教育大数据服务方面的创新水平，为大学生思想政治教育大数据服务教育发展、服务社会创造更大的价值。平台的应用架构如图 3-2 所示。大学生思想政治教育大数据平台资源存储与管理平台重点描述大学生思想政治教育大数据的来源、汇聚的技术、存储的方式和存储服务支撑框架；大学生思想政治教育大数据挖掘与分析平台重点描述大学生思想政治教育大数据资源的并行分析算法和调度；大学生思想政治教育大数据运维管理平台重点描述大学生思想政治教育云平台和大学生思想政治教育大数据平台的整合，包括对虚拟资源的管理和调度等；大学生思想政治教育服务门户平台重点描述如

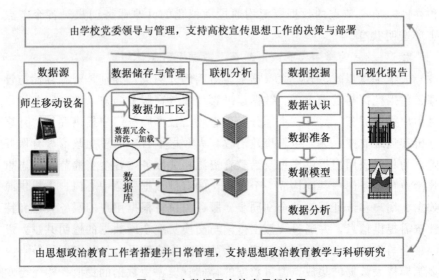

图 3-2 大数据平台的应用架构图

何实现大学生思想政治教育大数据的服务模式创新,对外提供大学生思想政治教育大数据分析服务。①

3.3.1.4 大学生思想政治教育大数据平台运行机理

大学生思想政治教育大数据平台由多个资源节点共同组成,从应用层面将体现出大学生思想政治教育大数据分析并行化、大学生思想政治教育大数据资源对象化与大学生思想政治教育大数据运控过程智能化等相应特点。

大学生思想政治教育大数据分析并行化,主要指整个平台以分布式并行的方式来分析处理大规模数据。当用户需要请求平台所管理的计算资源服务来处理业务数据时,大学生思想政治教育大数据平台将根据该用户所提交作业的属性特征自动分配计算资源。大学生思想政治教育大数据平台会智能地将较大的分析作业分解为许多小的计算任务,然后将这些小的计算任务分配给多个计算节点进行处理,最终将计算得到的结果进行收集综合而得出分析作业的结果,并以合适的展现方式反馈给服务用户。大学生思想政治教育大数据资源对象化指资源中心内的所有结构化和非结构化数据资源都将以对象的方式面向用户提供,无论数据资源的内在存储形态是结构化还是非结构化,数据格式是文档、影像、XML、DB,还是其他形势,最终其展现给用户的始终是一个有业务应用价值的数据对象。大学生思想政治教育大数据运控过程智能化指面向用户的所有服务过程都将透明可控。从用户发出数据分析服务请求,到最终大学生思想政治教育大数据平台将分析结果提供给用户,其整个服务过程都将完整地进行记录,并由数据智能大学生思想政治教育大数据分析平台的子系统数据运维管理平台进行监控与评估,从而有效保证整个大学生思想政治教育大数据平台的高可靠性与高安全性。②

3.3.2 大学生思想政治教育大数据平台关键支撑技术

大学生思想政治教育大数据平台涉及一系列关键支撑技术,包括大学生思想政治教育大数据的自然采集、大学生思想政治教育大数据的分布式

---

① 杨现民,田雪松,等.中国基础教育大数据 2016—2017:走向数据驱动的精准教学[M].北京:科学出版社,2018:88-91.
② 刘国龙,陈波.高校思想政治教育大数据平台运行机制探析[J].思想政治教育研究,2016(3):88-92.

储存、大学生思想政治教育大数据的安全管理、大学生思想政治教育大数据的无缝流转与大规模共享、大学生思想政治教育大数据的深度挖掘及大学生学习思想政治教育大数据分析等。考虑到大学生思想政治教育大数据平台中数据分析内容较为复杂烦琐，本研究将其在下一章节中单独阐述，在这里仅介绍大学生思想政治教育大数据平台处理的四项重点技术，即大学生思想政治教育大数据平台数据采集、大学生思想政治教育大数据平台数据储存、大学生思想政治教育大数据平台教育数据挖掘和大学生思想政治教育大数据平台可视化，这四项技术是构建大学生思想政治教育大数据平台关键且不可缺少的支撑技术，任何大学生思想政治教育大数据平台架构的这四项技术都具有强烈的相通性。

3.3.2.1 大学生思想政治教育大数据平台数据采集

大学生思想政治教育大数据平台的数据采集需要综合应用多种技术，每种技术采集针对的数据范围和重点有所不同。根据现有研究的总结，当下大学生思想政治教育大数据平台数据采集的技术体系，主要包括四大类，即大学生思想政治教育大数据数据采集技术、大学生思想政治教育大数据物联网感知技术、大学生思想政治教育大数据移动 App 采集技术、大学生思想政治教育大数据平台互联网爬虫采集技术等。

其一，大学生思想政治教育大数据平台采集技术通过在线学习与管理服务等相应内容进行数据采集、分析与管理。在线学习与管理平台是当前大学生思想政治教育大数据采集的重要载体，可以采集大多数网上学习、教研与管理活动的数据。大学生思想政治教育大数据平台中的在线学习平台与管理项目，因定位和功能不同，支持采集的大学生思想政治教育大数据范围和类型也有所不同。通常情况下，在线学习类平台主要负责课程学习数据的采集，如课程基本信息、课程资源、课程作业、师生交互信息、课程考核结果等。管理类平台主要负责学生信息、思想动态变化、思想政治工作动态大数据等信息的采集与管理。中国大学 MOOC 平台是现在中国大学生学习广泛使用的一种在线学习平台，可以实现课程资源、作业练习、讨论交流、互动评价等数据的采集与管理。此外，除了使用专门的学习与管理平台采集数据外，还可以通过平台的插件来采集数据。例如，基于中国大学 MOOC 平台可以通过慕课堂的形式自动采集线上线下混合式教学中的交互数据，包括学生信息交互频次、交互内容及交互的方向等相应关键性学习大数据信息。例如，随着教育信息化的高速发展，智能录播系统作为信息化教学中不可或缺的部分，已在各级各类学校得到了广泛应用。智能录播系统通过先进的流媒体及智能化全自动控制技术，可以自动实时采集课堂教学数据，并同步实现在校园网或互联网上的视频直播，以及远程移动教学功能，成为网上可实时直播、点播的学习资源，全真再现课堂教学的全过程。阅卷系统以计算机网络技术和图像处理技术为依托，采用专业扫描阅读设备，对各类考试答卷和文档进行扫描和处理，实现客观题机器自动评、主观题教师网络高效评卷。阅卷系统主要由数据扫描、OMR 自动评分、网上评卷及数据监控 4 个业务子系统构成，随着试题库系统及人工智能技术的不断发展，一些教育大数据平台已实现对部分主观题的自动评阅。[①] 可以预见，网评网阅技术将在大学生思想政治教育大数据平台考试数据采集中发挥越来越重要的作用。日志文件中存储了大量的用户及系统的操作信息，通过日志搜索分析技术可以有效地筛选出有用的信息。日志搜索技术即通过日志管理工具，对日志进行集中采集和实时索引，供搜索、分析、可视化和监控等，最终实现对线上业务的实时监控、业务异常原因定位、业务日志数据统计分析等。日志搜索分析技术一方面可以实时监控教育设备及资产的运行状况，如设备耗电量、故障信息、安全威胁等，为智能运维提供数据支撑；另一方面可以详细记录用户的操作行为，如系统登录次数、登录时间、增删查改等基本信息，用于教师、学生及管理者的行为式诊断。

其二，大学生思想政治教育大数据物联网感知技术：采集设备状态数据和学生体质数据。物联网是指通过各种信息传感设备，实时采集任何需要监控、连接、互动的物体或过程等各种需要的信息，与互联网结合形成的一个巨大网络，其目的是实现物与物、物与人，所有的物品与网络的连接，方便识别、管理和控制。物联网感知技术是实现万物相连的前提，是采集物理世界信息的重要渠道。目前，在基础教育领域利用物联感知技术采集基础信息，主要通过传感器和电子标签等方式进行。通常情况下传感器用来感知采集点的环境参数，电子标签用于对采集点的信息进行标识。而对于采集后的信息数据，须经过无线网络上传至网络信息中心存储，并利用各种智能技术对感知数据进行分析处理以实现智能控制。物联网具有全面感知、可靠传递、智能处理等特征，可以在状态层和行为层教育大数据的采集方面发挥重要作用。为学生佩戴体质监测方面的传感器，可以持

---

① 唐斯斯，杨现民，单志广，等．智慧教育与大数据［M］．北京：科学出版社，2015：137．

续获取学生的体温、脉搏、心率、血压等动态体征数据，构建全国性或区域性的学生体质健康数据库，如通过传感器结合定位技术，可以实时捕获学习者的学习地点、时间、内容、状态、环境信息等学习情境信息，用于适应性推送学习资源、活动、工具和服务等。例如，校园一卡通系统可以采集的数据范围包括餐饮消费、洗浴收费、超市购物、运动健身、课堂考勤、图书借阅、银行转账、上机收费、学生选课、学生补助、就医买药等，几乎涵盖了校园生活的方方面面。部分地区的校园一卡通系统还与城市交通、医疗等系统关联，学生可以方便地使用一卡通坐公交、地铁，购买药物等，这些数据的采集不仅对于大学生思想政治教育管理有价值，对于整个城市的管理与规划也有重要意义。同时，学校的教室设备、会议设备、实验器材等分布离散、信息透明度小、管理难度大，通过给这些物理教学设备粘贴无线射频辨识（RFID）标签或传感器，分配专人管理，可以进行统一管理和调度，有效检测设备的工作状态。此外，学生随身佩戴的传感器便于随时查看学生出入校园情况、查看学生身份信息等，为校园安全管理提供必要的保障措施。近年来，智能眼镜、智能手表、智能手环等新产品不断出现，各种形态各异的可穿戴设备，正在逐步融入人们的日常生活与工作中。可穿戴技术为自然采集学习者的学习、生活和身体数据提供了可能。佩戴相关设备可以实时记录学习者的运动状态、呼吸量、血压、运动量、睡眠质量等生理状态数据，还可以记录学习者学习的时间、内容、地点、使用的设备等学习信息。除此之外，可穿戴技术还可以与虚拟仿真、增强现实技术相结合，优化内容呈现方式、丰富学习环境，对学习者的所见、所闻、所感进行全息记录。

其三，大学生思想政治教育大数据移动 App 采集技术：采集各种移动学习过程数据。近年来，随着移动终端和通信技术的发展，各种移动学习 App 开始涌现。市场上几乎所有的主流学习管理平台都提供了移动 App，可以方便地支持学习者无处不在地学习。移动 App 逐渐成为移动学习过程中数据采集的主导技术。从本质上来看，移动 App 技术与在线学习管理平台采集技术类似，只是采集渠道来自移动终端，采集方式更加灵活多样。学生可以通过无线网络，使用移动终端，例如，智能手机、平板等，通过与云端学习平台进行互动，进而无缝结合移动终端的定位技术，系统将实时采集学习者的学习地点、学习时间、学习内容及学习状态等信息，以服务于教师对学生学习情况的实时监测，进而实现个性化智能辅导，这样学习辅导可以不受时间、地点限制，在真实的情境中通过移动终端学习知识,并与同伴开展互动交流,其间所有的学习过程数据将通过移动 App 自动存储到云端学习平台。随着 HTML 技术的不断成熟,越来越多的学习平台与学习工具将采用 HTML;技术开发移动端应用,移动学习数据的一体化采集与整合共享也将变得越来越容易实现。

其四,大学生思想政治教育大数据平台互联网爬虫采集技术:采集大学生思想政治教育大数据平台互联网舆情数据网络爬虫(Web crawler),又称网络蜘蛛(Web spider)或 Web 信息采集器,是一个自动下载网页的计算机程序或自动化脚本,是搜索引擎的重要组成部分。网络爬虫类产品,如八爪鱼采集器、网页抓取软件等,在数据采集领域有广泛的应用,可以定期实时采集各大门户网站数据,监控各大社交网站、博客,自动抓取企业产品的相关评论。随着互联网新媒体兴起,例如门户网站、微博、微信等,思想政治教育领域的信息传播呈现出速度快、波及范围广和内容多样化的特点。大学生思想政治教育大数据平台互联网爬虫技术可以实时监控、采集大学生思想政治教育领域网络舆情数据,从而为有效处理各种突发事件提供可能。大学生思想政治教育大数据平台互联网爬虫技术对学校相关的互联网舆情信息进行监控、整理与分析,为不同种类的学校定制科学的预警机制,实现对网络舆情事件的第一时间预警。此外,大学生思想政治教育大数据平台互联网爬虫技术还能根据舆情监控系统预警,对已经发生的舆情事件进行正确的舆论引导,从而降低事件的负面影响。

需要说明的是,上面仅仅列出了部分大学生思想政治教育大数据平台的采集技术,随着很多新型技术的逐步成熟,例如移动追踪技术、语音交互技术、体感技术等,将有越来越多的数据采集技术应用到教育领域,推动大学生思想政治教育大数据平台更加实时、连续、便捷地采集。

3.3.2.2　大学生思想政治教育大数据平台数据储存

大学生思想政治教育大数据平台的数据信息,在很多情况下全部存储在内存当中,大学生思想政治教育大数据平台数据的单位条目大小一定,由于单机内存的限制,储存元数据的总条目是一定的,无法满足更多数量元数据储存和访问的要求。混合尺度文件的储存解决思路是采用分布式数据库技术作为文件的总索引,中小文件直接储存分布于数据库中,大型文件在分布式数据中储存索引信息,数据内容存放到分布式文件系统之上。对于小文件还可以打包汇总储存,比如按月、年来批量重新组织格式,格式的组织方式符合分布式计算的要求。大学生思想政治教育大数据平台数据储存后,产生大量的规模型数据,通过设计灵活的动态节点部署可以快速将数据进行整理与计算。系统中物理计算资源经过整合后形成统一的计算资源池，它为上层的教育数据分析任务提供支撑。用户可以不必关心计算设备的位置、功能差别、容量大小、设备类型和制造商如何，所有的设备将被统一管理，而且被赋予统一的功能如计算、分析、加工、存储等。秉承计算与存储分离的思想，系统对给定的物理计算资源、存储资源、网络资源进行管理，将资源整合为可运行服务资源池提供给上层应用系统。动态节点部署技术具有如下特点。首先，当外部系统对提供某种服务的计算资源产生需求时，系统能够根据需求创建计算节点系统映像，并和物理服务器结合生成实际运行的服务器。这是按需部署系统的核心目标。其次，当部署系统所提供的某个服务撤销时，提供该服务的计算资源和存储资源可以被用来提供新的不同类型的服务；多个计算节点上的相同数据能够共享一份存储资源；在多个计算节点读取共享数据时，在存储系统中共享数据通道的带宽，并且使用同一份缓存。该特点能够较大地提高系统的计算资源和存储资源利用率。最后，系统在数秒量级的时间生成所需服务器映像，服务器能够使用映像启动并快速地达到可提供服务的状态。该特点能较大地提高系统的灵活性。① 但同时，在对大学生思想政治教育大数据平台储存数据进行动态部署时，要避免以下问题。首先，动态绑定计算资源和存储资源。通过研发可以动态绑定计算资源和存储资源的技术，能够在系统工作的任何阶段，根据需要改变主机和存储设备之间的连接关系，从而达到存储资源的动态访问和计算环境的动态改变。其次，由于逻辑卷在物理设备级别完成共享，所以如果让逻辑卷共享数据被读出时建立的缓存和对应的物理设备节点相关联，那么多个逻辑卷读取共享数据时就会共享对应物理设备的缓存。而当逻辑卷被写入时，由于写入数据无法和其他逻辑卷共享，因此，直接让这部分缓存和此逻辑卷设备相关即可，不需要特殊处理。

3.3.2.3　大学生思想政治教育大数据平台教育数据挖掘

教育数据挖掘（educational data mining）是一个新兴的研究领域，主要是通过各种技术将教育系统的数据挖掘出来，理解学生是如何学习的。EDM2008会议论文集在其前言中对"教育数据挖掘"的描述是：教育数据挖掘是一个将来自各种教育系统的原始数据转换为有用信息的过程，这

---

① Jade Pressman & Lane Swanstrom. The literary and/as the digital humanities [J]. *Digital Humanities Quarterly*, 2013 (1): 1189-1205.

些有用信息可为教师、学生、家长、教育研究人员及教育软件系统开发人员所利用。通过大学生思想政治教育大数据平台教育数据挖掘,可向学习者推荐个性化的学习资源、学习任务、学习活动及学习路径;辅助教师更好地调整和改进教学策略,重构教学计划,完善课程设计与开发;帮助管理者进行更科学的管理决策。大学生思想政治教育大数据平台教育数据挖掘的过程与数据挖掘的过程基本一致,主要包括数据准备、数据预处理、数据挖掘及模式解释4个关键步骤,大学生思想政治教育大数据平台教育数据挖掘常用的分析方法包括统计分析与可视化、聚类、预测决策树、回归分析、时序分析、关系挖掘、关联规则挖掘、序列模式挖掘、社会网络分析和文本挖掘等。常见的挖掘工具有很多,大致可以分成通用类、网络分析类、内容分析类、行为分析类及综合平台类,在具体的业务应用中,这就需要提供便捷高效的手段来分析处理海量的结构化与非结构化的大学生思想政治教育大数据平台教育数据。大学生思想政治教育大数据平台教育数据挖掘是一个利用统计、机器学习等模型算法从大量数据中抽取挖掘出未知的、有价值的模式或规律等知识的过程。大学生思想政治教育大数据平台教育大数据的挖掘技术以大规模分布式存储和计算为典型特征,基于计算资源集群建立分布式教育数据挖掘算法库,将对复杂环境下的数据挖掘与整合非常重要。根据具体的应用需求,将优先实现和相关业务较紧密的算法。从功能上讲,主要提供基于知识的高级搜索和发现功能,以实现以智能访问为目标的文本文档分类和摘要信息建立与语义理解。具体技术点主要包含自动交叉索引或是超链接、自动上下文环境总结、主动匹配、智能知识分类操作、自动聚类技术等。[1]

3.3.2.4 大学生思想政治教育大数据平台可视化

数据可视化(data visualization)技术指的是运用计算机图形学和图像处理技术,将数据转换为图形或图像,在屏幕上显示出来,并进行交互处理的理论、方法和技术。大学生思想政治教育大数据平台可视化是一种通过可视化解释发现并理解大型数据库中所存在规律的方法。可视化的数据分析是一个新兴的领域,它融合了统计、数据挖掘和可视化技术,使每个人都有可能筛选、展示和理解复杂的概念与关系。例如,可视化交互基

---

[1] Chen Zhang, Fan Niu & Ceng Re et al. Big data versus the crowd: looking for relationships in all the right places [J]. *In Proceedings of the 50th Annual Meeting of the Association for Computational Linguistics*,2016(9):825-834.

本组件分析技术以前只能由统计学家使用,但现在已经被广泛地运用于寻找多维数据集中的规律和数据之间的联系。数据可视化技术主要用来协助发现大型异构和动态数据集中的规律、趋势和联系,使分析者可以更容易理解各类数据。例如,在大学生思想政治教育大数据平台中,就可以通过对资源与资源、用户与资源及用户与用户之间3种关系的计算分析,生成可视化的大学生思想政治教育大数据平台数据分析报告,在帮助学习者快速掌握整个知识体系的同时,也能方便地与相关领域专家、知识贡献者建立联系。当前,除了数据挖掘工具自带的可视化组件外,还有一些专门的可视化工具,如大数据正向可视化工具 Mirador、数据分析和绘制图表的手机应用 Plotly、可开发出三维效果的 Dimple 及可以对数据进行交互式可视化处理的 Gephi 等。随着各种可视化技术和工具的不断涌现,教育数据挖掘、学习分析的结果将更加直观地呈现。可以说,大学生思想政治教育大数据平台数据可视化技术将在推动大学生思想政治教育大数据平台落地应用方面发挥重要作用。[①]

本章结语

大学生思想政治教育大数据平台建构的主要目标,是把高校中大学生学习与生活中关于思想政治教育工作的碎片化数据进行全面系统的整合。数据不整合就是一团毫无价值的乱麻。数据整合,简而言之,就是通过共享或者合并技术性手段,将来自两个或者更多应用的数据创建为一个具有更多功能的应用的过程性集合。传统的大学生思想政治教育具备很强的面向对象性,也就是说,这主要依靠以持续性、不间断为主的教育经验为教育主体和教育过程建立经验主义教学教育模式。当这种情况发生时,逻辑方式很难通过共享或合并进行教育教学主观经验的整合;而在其他情况下,也需要教师主体通过漫长的时间与经历,带动教导另一个教师主体来继承创新其个人经验。这对于大数据时代的思想政治教育发展是不可想象的发展,或者说这是与时代发展严重不符合的一种阻断或是原地踏步。因此,大数据时代思想政治教育需要构建出大学生思想政治教育大数据平台,这是大数据时代思想政治教育发展的应然性要求。大学生思想政治教

---

① Xing Zhang. Philipp Koehn: statistical machine translation [J]. *Applied Linguistics*. 2019(3): 359-362.

育大数据平台将大学生与教师双主体的教育教学数据采集、挖掘、分析与报告，进而找到大数据时代思想政治教育发展中真正的教育教学规律与规范标准。当然，在构建大学生思想政治教育大数据平台的同时，我们需要警惕不同的大学生思想政治教育大数据平台之间必然会形成彼此隔离的信息孤岛。信息孤岛是当前大学生思想政治教育大数据平台建设中亟待解决的主要症结，因此，如何彻底消除信息孤岛、有效结合现有及未来的大学生思想政治教育大数据平台的数据资源已成为当前大学生思想政治教育大数据平台的重中之重。

4 大学生思想政治教育大数据分析

4.1 大学生思想政治教育大数据分析概述

大数据分析是大数据实施理念的核心目标与关键方法,是在数据密集型环境下对大数据科学的重新思考和进行新的模式探索的产物。与传统数据分析相比,大数据分析在量级、来源与异构性方面均是传统数据分析力所不及的。大数据分析不是随机样本,而是以全体全面的巨大型数据型分析为表征,在改变传统数据抽样分析方式的前提下,大数据所需要的是所有的、全面的、无遗漏的数据资料。第一,大数据分析是在研究大量的数据过程中寻找模式、相关性和其他有用的信息。首先,通过大数据分析软件对大量数据进行分布式处理的软件框架,进而应用大数据分析软件通过加强研究,分析与解决一批重要的数据过滤问题;其次,通过分析型软件完成分布式的、容错的实时计算分析过程;最后,通过数据挖掘性软件对数据进行挖掘并提出解决方案。第二,对于大学生思想政治教育开展大数据分析,一个重要前提是要对必然具备的内容构成分析要素要进行准确的界定,到目前为止,思想政治教育界广泛较为认同的是提出的数字学习、数字行为、数字通信、数字素养、数据理解、舆情分析、数据化心理、数据化治理、数据化思想政治动态等九种基本要素。第三,以上这些要素构成了大学生思想政治教育大数据分析的主要内容,同时,这九种要素又按照尊重、教育和保护三个维度,组成大学生思想政治教育大数据分析的理念。[①] 因此,大学生思想政治教育大数据可以理解为就是由上述九大要

---

① 李怀杰,夏虎. 大数据时代高校思想政治教育模式创新探究 [J]. 思想教育研究,2015 (5): 51.

素以数字化所蕴含的内在联系紧密关联所构成的完整教育体系。伴随着大学生思想政治教育大数据改革发展与信息技术的不断优化创新，其正处于并将长期处于一种不断自我完善并持续发展的状态当中。这九大要素所包含的具体内容可按照教育、保护与尊重三大坐标进行深入的总结分析。第四，大数据与大学生思想政治教育有较强的耦合性。通过大数据的分析，可以为教育的开展提供方法选择、思路支撑、理念变革，为大学生思想政治教育的现代化提供很好的参考作用。

4.1.1 大学生思想政治教育大数据分析发展

近年来，随着网络与行动科技的快速发展，数据极为迅速地累积，为人文社会科学领域的研究及实务提供了新的机会与挑战。大数据吸引了学术界、工业界和世界各地政府的极大关注。《自然》（*Nature*）和《科学》（*Science*）等很有影响力的杂志也先后发表了专门讨论由大数据所带来的机会和挑战。大数据分析的关键除了数据的大量之外，更重要的是非结构化数据的快速增加，例如口碑、报告等数字型文字化大数据，且在实务应用上也已经日益广泛。早期进行这类分析的技术主要应用在商业与管理的领域，叫作智能化商业，传统意义上，大数据在信息管理的领域尤其受到重视。但是，到2015年后随着数据量的增加及相关技术的更加进步，大数据快速渗透到许多不同的人文社会科学的研究中。而利用新兴的大数据分析技术来探讨大学生思想政治教育问题及现象，伴随着整体高等教育研究发展也变得非常丰富且多元，目前成为日益受到新技术与思想政治教育融合性研究领域的重视。在应用面上，大数据分析目前已经是思想政治教育数据科学的重要核心元素，例如，在思想政治教育研究的领域，国内多位知名学者已经指出，大数据早已渗透到当今的思想政治教育的教育教学研究广泛业务中，成为研究和提升创新力的一个重要元素。利用和挖掘大数据预示着教学指标的增长和学习动力的新风潮。大数据也可以解决一些目前大学生思想政治教育深层次学习领域无法解决的问题，而人工智慧的机器学习技术是未来思想政治教育分析的重要工具。有的学者甚至断言未来高校是属于一个将数据转化为教育产品的组织，认为大数据可以被视为在未来的教育教学发展动力中新的"石油"。在高校思想政治工作的领域，我们也看到方兴未艾的大数据应用。高校学工部门的有些学工老师利用大数据分析来掌握学生思想政治动态，并制定思想政治工作及针对性策略，提高工作效率。高校主管部门可以利用大数据分析来掌握学生舆情对高校治理与管理的反应。① 在大学生心理管理领域，利用大数据分析的查询可以看到心理问题产生、发展的周期，在学生安全方面，大数据也可以预测安全问题的变迁，消灭萌芽，或是利用北斗或 GPS 来确定问题人员的定位以实现更快速度寻觅等，其应用非常广泛。

那什么是大数据分析呢？在许多文献中都将大数据定义为："所涉及的数据量规模巨大到无法透过人工，在合理时间内达到撷取、管理、处理、并整理成为人类所能解读的信息。"② 但是数量庞大并不是大数据分析盛行的唯一原因或必要条件。从宏观的角度来看，大数据分析可以被看作巧妙地连接和整合物质世界、人类社会和网络空间三种因素的一个界面。所谓的物质世界是反映了在虚拟的网络空间所产生的大量数据，借由人机界面、人脑与机器的界面及移动互联网等机制，与人类社会所产生的数据相互整合，创造出新的知识与决策分析的管道。对学术界而言，大数据在学术界的应用也日益增加，爆炸性成长的网络、行动设备、社群媒体及物联网的数据，足可以让学者用全新的视角看到传统的思想政治教育科学研究所无法掌握的知识。社交软件上的交流可以预测学生心理倾向与舆情发展的方向和干预机会，同时也可以看出学科成长或是学科创新的可能趋势，其中的心理及情绪分析也有助于了解大学生对当前思想政治教育与工作满意的态度，或是有值得重视或要积极介入干预的问题。因此，如何利用信息技术所带来的大量数据，在思想政治教育的许多领域带动创新的研究方向，或是为既有的研究带来新的机会，是个值得深入探讨的课题。大数据分析的基本精神除了数据量大之外，更重要的是非结构化及多变数据的分析，因此，过去针对量化数据的统计计量资料的分析方法有所不足，而必须整合新的人工智慧及其学习的方法。事实上这些方法已经出现了很长的时间，早在 20 世纪 90 年代就有完整统计与数据探勘方法的研究。

大数据分析科学并不是最近才突然出现的新领域，而是有长期的发展基础，例如，最早期的概念主要集中在找出人类决策的知识，并且能够应用到电脑的决策上，是人工智慧的一个分支，这个分支因为重要性日益增加，因而在 1985 年左右发展出几个领域，与数据分析比较相关的有机器学习（Machine Learning）、自然语言处理（Natural Language Processing,

---

① 孙耀佳. 大数据与思想政治工作研究［J］. 西安政治学院学报，2015（28）：55.
② 维克托·迈尔-舍恩伯格. 与大数据同行：学习和教育的未来［M］. 上海：华东师范大学出版社，2015：16.

NLP）及应用所学知识的专家系统（Expert Systems）。[①] 机器学习包含了很多领域，其中有一个领域针对文字数据的分析，发展出运用归纳法找出决策的法则，叫作法则归纳法（Rule Induction），另外也有模仿人类决策所发展出来的类神经网络（Artificial Neural Networks，ANN）。由于法则归纳的概念是由数据来找出决策规则，因此，进一步与数据库管理结合，发展成为数据探勘（data mining），而对自然语书中的文字的分析则发展成为文字采勘（text mining）的分支。[②] 大数据分析则是因为随着数据量的快速增加，包括社群媒体的文字资料及物联网与行动设备的非文字资料都大幅增长，因而面临如何运用既有的数据与文字探勘的方法，来更有效地挖掘出隐藏的知识，让事件的内情及问题的分析可以更深入。因此，一方面，大数据分析虽然看起来是数据量大的问题，其实真正的问题反而是如何适当运用过去多年所发展出来的分析技术来找出决策智慧的问题。另一方面，因为统计学与计量经济学长期以来就被用来做数量数据的分析，因此，可以和人工智慧领域的技术产生高度的互补性，将这两个过去不相往来的领域的专业相互结合，以支持复杂的决策，便成为现在所称的数据科学领域。

国内学界利用大数据的相关研究最近也日益增加，不过主要还是集中在与信息比较相关的领域。事实上，大数据分析可以为思想政治教育科学许多其他的领域带来非常不同的研究方法与方向，也可能为国内学术研究在未来发展创造新的冲击。大部分思想政治教育的学者虽然看到这个趋势，甚至对于这个方向有兴趣，但是可能并没有时间或资源针对这个新的研究领域做比较多的投入，也很难评价这个新领域所带来的机会与冲击。因此，本部分研究的主要目的是结合思想政治教育与大数据分析进行深入探讨，同时进行以下的方向拓展。

其一，大学生思想政治教育大数据分析概念的分清：针对大数据分析的相关概念及应用，从思想政治教育科学而非科技的角度进行理解与归纳，协助有兴趣的学者能够更容易掌握这个科技的本质。

其二，科技与人文的跨领域沟通：集合思想政治教育学者及大数据分

---

① 维克托·迈尔-舍恩伯格. 与大数据同行：学习和教育的未来［M］. 上海：华东师范大学出版社，2015：73.
② 维克托·迈尔-舍恩伯格. 与大数据同行：学习和教育的未来［M］. 上海：华东师范大学出版社，2015：77.

析研究专长的学者，透过收集研究分析两方面学者关于融合问题的集体智慧，探讨大数据分析在思想政治教育不同的科学领域所可能产生的冲击与新研究方向的展望。①

其三，未来新的研究方向与工具的探索：透过探索大数据分析在思想政治教育科学的应用，探讨可能的新实证典范的发展，研究成果也可能有助于思想政治教育相关学科未来推动或评价数据科学在相关领域的应用。数据科学是近几年信息与智慧科技所带来的新的学术机会，其影响既深又远，范畴涉及信息技术、数据分析技术，以及各领域的专业知识的调整应用，要如何善用这项科技来提升研究的成果，是思想政治教育学者需要知道的。但是目前仍然有许多学者对于思想政治教育大数据分析的发展不一定很清楚，甚至是会混淆。本部分研究的执行，预计可以针对大数据分析未来对思想政治教育相关领域学术研究的影响及展望进行分析整理，并提供一个远景图，协助有兴趣的学者更方便地了解这项科技，并且在相关议题的研究上运用这项技术。

同时，应该看到一方面大学生思想政治教育大数据分析在现实发展中也将面临诸多挑战。挑战之一是数据量过于庞大，数据的储存与分析是需要克服的课题。无线射频辨识、无线感测网络（wireless sensor network）、网际网络文本与文件、社交软件等，这些数据生成的速度都非常快，因此，数据会快速累积，数据量经常是以 TB（Tera Byte）为单位，甚至也达到 PB（Peta Byte）或 EB（Exa Byte）等级。② 储存、处理与分析 TB 或 PB 等级的数据并非单台电脑可以负荷，因此，分布式运算应运而生，成为处理大量数据的最佳平台、分布式运算平台，像是 Hadoop 与 Spark，通过个人电脑的串接，将数据分散储存、分散运算，并汇整运算结果。然而分布式运算也有一些亟待解决、突破的缺点，由于分布式运算经由网络将电脑串接，借由网络进行数据的传输交换，网络传输速度的瓶颈往往也造成数据处理性能低落的状况。此外，既有的统计方法、数据探勘或文字探勘等方法，往往无法直接移植成为分布式运算的算法，因此，很多分析方法需要重新发展，这也为大数据分析带来了新的挑

---

① 付安玲，张耀灿.大数据时代马克思主义理论教育的思维变革［J］.学术论坛，2016（10）：180.
② 维克托·迈尔-舍恩伯格.与大数据同行：学习和教育的未来［M］.上海：华东师范大学出版社，2015：129.

战。① 另一方面，大数据时代的来临带来无数的机遇与发展，与此同时也会衍生出许多问题。例如，大学生思想政治教育大数据分析搜集定位或是个人隐私的数据，必然使得个人的隐私权受到影响。因为大学生思想政治教育大数据分析的内容包含各种个人信息与组织相关的数据，但现有的个人隐私保护的法律或政府的相关政策尚未及时解决这些因大数据而出现的新问题。因此，在大据时代，有许多亟待解决的问题，包括既有问题的创新解决方案及由大数据所带来的新的讨论问题，都有待学术界更深入的研究。

4.1.2 大学生思想政治教育大数据分析方法探究

互联网科技和数据化数据的快速发展，促成了科学研究的方法和范式的革命。近年来大数据在思想政治教育领域大量使用，来进行思想政治教育教学行为与大学生思想动态行为趋势的预测。思想政治教育学习工作者与研究者在过去五年也和大数据方面专家进行跨领域的合作，将大数据分析方法和传统思想政治教育学研究方法做了重新组合的创新，因此，在这些使用思想政治教育学大数据分析的研究中，思想政治教育学研究不需要局限于随机抽样的调查方法中的估计推论问题，而可以将研究对象数据放在自然的时空脉络下，进行全面跨时间点的大量人、事、物的数据记录和分析，使用多重数据库及网络上多重社群媒体的大量母体记录档案数据，进行大量的人类行为的推估。从这些研究中，我们欣喜地看到思想政治教育大数据方法层出不穷，因此，通过系统性研究，概括定义出大学生思想政治教育大数据分析方法一般模式就显得尤为关键与重要。

4.1.2.1 资料的收集

一般而言，社交软件数据采集最普遍的软件是爬虫（Python）。在线大数据库可以使用Python进入社交软件等数据库进行文本探勘，选择合适的整合发展环境（Integrated Development Environment，IDE），Python的文本抹砌（text-mining）是一连串重复学习的流程。包括计算关键字或分类出现次数、发现特定词汇出现的位置、发现共线性、应用其他模型、议题分析、语意分析。传统社会学家会从理论构架中发展出概念测量操作定义，再训练过录文本的助理，发展出一套分类语法及语义的法则来过滤文本。但现在有许多大型数据库及网络无用数据，是无法事前过

---

① 郭晓科. 大数据 [M]. 北京：清华大学出版社，2013：128.

录的，因此，以往研究中经常看到学者使用自动化文本分析（Automated-text Analysis）来采集自然语书的对话过程数据（Natural Language Processing，NLP）。① 这个采集数据的方法，类似机器学习，能自动地处理和分析没有结构化的文本信息。这种探索数据的过程依赖的都是统计分析技巧，涉及文本中关键字分布次数概率和这些关键字关联聚集的可能性。Hopkins and King 公司于 2012 年发明的自动化文本撷取数据软件是基于爬虫软件写成的嵌入型软件程序，输入文本档案，例如演讲、博客帖文、报纸文章、对司法的意见、点影评论等，即可采集。这是一个由使用者导向的分类构架，在分类清理时，则会提供从正面到负面的情绪给分、没有顺序的政策主题，或其他相化排斥和周延的分类，将某些副集合的文本档案分类成既定的类属。这个软件可以初步检测出真相的常态分布和样本误差，甚至在某个既定分类类属出现的比例等。鉴于过去许多文本数据采集遗漏了即时动态的集体行为，例如某个重要事件出现，组织如何使用社交软件进行采集，分析集体行动。有人使用手机 App 软件，搜集社交软件交流数据，进行许多组织的优质化文本分析，所以近些年衍生出了手机社群媒体调查法（Social Media Survey Apps，SMSAs）。② 这个方法结合了计算社会科学方法和传统的调查方法，通常是征求大量的公共部门和非营利部门组织的数据库或数据网站的数据库及透过各组织招募参与者的调查，可以累积更多数据资料，将这些数据进行比较深入的组织分析。这同时也需要其针对社群媒体网站和云端计算环境设计有注释的相关软件网站和代码，并详细地说明如何和这些组织合作，结合传统调查方法，持续搜集这些组织的即时动态数据及如何创造诱因让合作组织愿意配合。

SMSAs 的数据搜集法最特殊之处在于，希望能自动持续授权下载并长期保留数据，以便进行长期追踪变迁的学术研究问题。基本上，SMSAs 需要向组织的社群媒体网站的应用程序界面（Application Program Interface，API）来采集数据。大部分大型的社群媒体网站会开发自己的应用程序界面。由于 App 的技术也不断进步，因此，要开发 App 的数据提取和调查方法的软件设计是一个很具有挑战性的工作。SIV-ISA 还可以结合传统调查问卷，使用 App 装置进行线下活动调查。例如，在搜集手机即时集体活动前，先利用手机进行大型调查，从调查中搜集普

---

① 方海光. 教育大数据［M］. 北京：机械工业出版社，2016：39.
② 郭晓科. 大数据［M］. 北京：清华大学出版社，2013：167.

通大众与各种组织之间联系的数据，进而配合手机下载组织网页和活动即时信息，并整理出192个变数。这些变数包括社交媒体论述（social media discourse）通过社交软件组织主题文章的公共参与、每一篇主题文章或每一个组织的特质、负责组织推广的能力（organizational capacity）、组织推广宣传的方法、外在媒体报道组织的信息程度等。总之，大学生思想政治教育大数据分析要利用好手机，并连接公益组织的网站群媒体信息，结合传统问卷调查，最终还是要能进行传统的思想政治教育的概念测量和研究问题探讨。

4.1.2.2 主题模型（topic model）的大数据分析方法

主题抽取法（topic extraction）是信息科学家、统计学家和计算语言学家很早就发现的事前处理录入的大数据未被分析过。由于大量自然语言的数据库，通常无法事前归类，因此，主题模型采用文本关键字搜索，计算出关键字出现的概率及关键字的相关聚集分析（clustering analysis），进而结合成主题。在思想政治教育的大数据分析中使用最频繁的主题模型（topic modeling）方法可以算是学界较为认同的分析方法，这个主题模型是利用文本关键字出现的概率及关键字之间的关联，产生分析主题。这个分析方法运用了机器学习领域的研究成果，相关研究人员开发出了一套可以计算学习大规模文档的程序，这个程序能够产生有思想政治教育主题意义的分类过录方法。主题模型的计算方法也是一种统计方法，它通过分析文本中的关键字，以发现蕴藏于其中的主题、主题间的联系及主题随时间的演变。这个方法的优点是不需要事前对文档进行标记；亦即人力所无法完成的文档标记，主题模型计算法能够进行比较贴近数据档案本质的组织和归纳方法。[1] 还有一些思想政治教育学者主张引进文本档案的文字在时间意义上的关联结构，设计了 ToT（topic-over-time）的程序，修订主题模型，企图掌握主题和引起大量讨论的主题在时间上的演化意义模式。[2] 此外，他们也将社会网络分析法放入新的主题模型设计中，通过结合网络的社区侦测法（community detection）来确认这些主题之间的距离和结构关系。

---

[1] 郭晓科. 大数据［M］. 北京：清华大学出版社，2013：200.
[2] 朱洁，罗华霖. 大数据架构详解：从数据获取到深度学习［M］. 北京：电子工业出版社，2016：253.

4.1.2.3 社群关系联络计算分析方法

社群关系联络计算分析方法，是以电脑技术、互联网和手机为连接的数据分析方法。新计算社会学包括五大内容：① 大数据的获取与分析；② 质性研究与量化研究的整合；③ 社群关系联络网实验；④ 代理人为基础的模型（Agent-based Modeling，ABM）；⑤ 新社群关系联络计算结合社会网络分析。特别强调的是，这个方法在处理网络、手机、大数据库中的自然语书和文本的软件处理及机器学习的信息过滤、搜寻、翻译价值的信息过程中具有巨大优势。目前已经有很多半自动处理数字化档案的软件，包括自然语书处理（Natural Language Processing，NCP）、信息取得（Information Retrieval，IR）、采集工具（Extraction Toos，IE），以上这些软件都有过滤、搜寻、摘要、分类及撷取文本信息的功能，且可以处理巨量文本及语言结构特质。采集数据后，必须进行内容和文本分析，大致上是采用计算科学的观点，结合内容分析和计算科学的方法，掌握亲属结构、交往界线、组织形态、友谊现象及分享符号意义的文化系统。而对于没有事前过录的文本（unsupervised method）可以使用 clustering documents、semantic network analysis、topic modeling 和 Bayesian probabilities models。这些方法是企图归纳出语义关联一致的主题。过去是使用 latent semantic analysis 的方法来计算语义间的距离；近年来探索这些没有过录的档案，则使用神经网络来进行文本分类。计算文本分析（computational text analysis）则是使用 AI（Artificial Intelligence）和 ML（Machine Learning）两种工具软件检视自然沟通语间的社会关系和社会游戏法则。这些分析方法可以帮助机器学习，不仅可以预测人们的行为范式，还可以分析人们的情感和偏好。①

4.1.3 大学生思想政治教育大数据分析逻辑模型

对于大学生的思想政治教育状况的评估，传统方法是基于思想政治教育状况评估量表，通过问卷调查的方式，按照专家打分对调查对象的思想政治教育水平进行评估。本项目中研究的定量数据分析技术路线方法是一种隐性的思想政治教育水平的评估方法，与传统的问卷式方法不同，本项目的评估方法是通过间接的日常网络行为进行思想政治教育水平的评估。

---

① 方海光. 教育大数据［M］. 北京：机械工业出版社，2018：47.

4.1.3.1 基于模糊综合评价的思想政治教育水平评价

模糊综合评价是通过构造等级模糊子集把反映被评事物的模糊指标进行量化（即确定隶属度），然后利用模糊变换原理对各指标进行综合。其基本步骤如下：

(1) 确定评价对象的因素论域

若令 U 为评价指数域，则 $U = \{U_1, U_2, U_3, U_n\}$，也就是 U 由 n 个评价指标组成，评价指标可参考 2009 年美国统计学会发布的《全美数据分析定量表》。

(2) 确定评语等级论域

若令 V 为评语集，则 $V = \{V_1, V_2, \cdots, V_k\}$，即 V 为 k 个评语等级的集合。在一般情况下，选定的评语集为 $V=\{好，较好，一般，较差，差\}$，其分值对应为 $V = \{9, 7, 5, 3, 1\}$。

(3) 确定评价因素的权重向量

权重是反映因素变量对被评价事物总体重要程度的指标，通过数值的对比形式来表达。设 $A = (a_1, a_2, \cdots, a_m)$ 为权重分配模型矢量，a_i 表示第 i 个因素对应的区中，且满足 $\sum_{i=1}^{m} a_i = 1, a_i \geqslant 0$。[①]

(4) 二级指标的模糊综合评价

对每一个子集 U_i 分别做出综合评价。若 R_i 为 U_i 的单因素评判矩阵：

$$R_i = \begin{bmatrix} r_{11} & r_{12} & \cdots & r_{1m} \\ r_{21} & r_{22} & \cdots & r_{2m} \\ \cdots & \cdots & \cdots & \cdots \\ r_{n(i)1} & r_{n(i)2} & \cdots & r_{n(i)m} \end{bmatrix}$$

则获得 U_i 的评判向量：

$$B_i = P_i O R_i = (b_{i1}, b_{i2}, \cdots, b_{im})\text{[②]}$$

(5) 一级指标的模糊综合评价

将每个 U_i 视为一个因素，则可把 $U = \{U_1, U_2, U_3, U_n\}$ 视为单因素集，其评判矩阵为：

[①] Hopins Brain. Expand your digital horizon with big data [J]. *Forester*，2017 (9)：956-969.

[②] Dwork Cynthia. The high education for big data analysis [J]. *The Communication of the ACM*，2016 (1)：1328.

$$R = \begin{bmatrix} B_1 \\ B_2 \\ \vdots \\ B_n \end{bmatrix} = \begin{bmatrix} b_{11} & b_{12} & \cdots & b_{1n} \\ r_{21} & r_{22} & \cdots & r_{2n} \\ \cdots & \cdots & \cdots & \cdots \\ r_{n1} & r_{n2} & \cdots & r_{nn} \end{bmatrix}$$

于是得到评判向量：

$$B = POR = (b_1, b_2, \cdots, b_n)$$

AHP 法确定权重

本研究选取层次分析法（analytic hierchy process，AHP）来确定各层指标的权重。层次分析法是能够有效地结合决策者的经验信息进行决策判断的方法，对于样本信息量较少的决策问题有较好的效果。其主要步骤如下。

（1）建立层次结构模型

层次结构是评价的基础，对于任何一个评价问题，首先都要确定其评价的目标、准则和方案。层次结构是一种对系统因素及其结构关系的描述，按照变量之间的隶属关系划分相应的层次。第 1 层是目标层，代表研究问题的本质目标；第 2 层是准则层，它是总目标的具体体现和具体准则；第 3 层、第 4 层是子准则层，是对第 2 层准则的细化，其结构如图 4-1 所示。

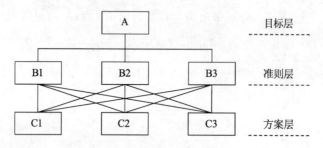

图 4-1　递阶层次结构图

（2）构造比较判断矩阵

建立递阶层次结构后，接下来是确定判断矩阵。判断矩阵是专家根据层次中元素相对重要程度给定的一种量化标准，用不同的数值反映元素变量的相对重要性，各级含义见表 4-1。

表 4-1 判断尺度及定义

判断尺度	定义
1	表示两个要素相比，具有同样的重要性
3	表示两个要素相比，一个要素比另一个要素稍微重要
5	表示两个要素相比，一个要素比另一个要素明显重要
7	表示两个要素相比，一个要素比另一个要素强烈重要
9	表示两个要素相比，一个要素比另一个要素极端重要
2、4、6、8	介于上述两个相邻判断尺度之间

结合图 4-2 构造比较判断矩阵。比较判断矩阵是以上一层某要素（比如要素 H）为评价准则，对本层次的 n 个元素通过两两比较来确定矩阵元素的，其基本形式如图 4-2 所示。

H_k	A_1	A_2	$\cdots$	A_n
A_1	a_{11}	a_{12}	$\cdots$	a_{1n}
A_2	a_{21}	a_{22}	$\cdots$	a_{2n}
$\vdots$	$\vdots$	$\vdots$	$\vdots$	$\vdots$
A_n	a_{n1}	a_{n2}	$\cdots$	a_{nn}

图 4-2 比较判断矩阵形式

判断矩阵 A 中的元素 a_{ij} 表示对评价准则 H_k 而言，要素 A_i 对 A_j 的相对重要性。根据表 4-1 的判断尺度将上图各式量化，即可建立比较判断矩阵。[1]

（3）层次单排序

层次单排序就是计算同一层次相应要素对于上一层次某要素的相对重要性排序权值，层次单排序的做法是计算各比较判断矩阵的最大特征值 $\lambda_{\max}$ 及其对应的特征向量 W，W 经归一化后即可作为权重向量。

（4）层次单排序的一致性检验

如前所述，比较判断矩阵的元素是由评价者通过两两比较得到的，但评价者一般很难做出精确的判断，而只能对它们进行估计。如果在估计时偏差过大，出现了严重的思维判断不一致的情况，就必须对比较判断矩阵进行修正。设有 $n \times n$ 比较判断矩阵 A，研究发现，当 A 矩阵完全一致

---

[1] Liu Guolong. Research on the university's education of ideological and political of big data analysis model [J]. *BEUT*, 2016 (9): 137−145.

时,则有 $\lambda_{max}=n$(其中 n 为 A 矩阵的阶数);当 A 矩阵稍有不一致时,则 $\lambda_{max} \geqslant n$。$A$ 矩阵的不一致越大,λmax 与 n 的差就越大,基于此,用 $(\lambda_{max}-n)$ 作为度量不一致的指示。①

基于模糊综合评价模型对大学生心理健康水平进行评估。首先对大数据指标级建立相应的评价指标体系结构,然后通过相关性分析、PCA(principal component analysis,主成分分析)等手段降维和数据预处理,确定最终的评价指标体系,最后将确定的评价指标体系带入模糊综合评价模型中进行评价分析。

4.1.3.2 神经网络预测方法的思想政治教育水平评价

随着计算机技术的飞速发展,人工神经网络算法的应用越来越广泛,其中数据预测是人工神经网络的一个重要应用。本项目中基于一些间接的网络行为活动指标数据对大学生的心理健康水平进行评估,然后通过评价模型如 AHP、模糊综合评价。然而,人的心理健康水平是动态变化的,因此,本项目将针对调查对象,以近期一段时间内的动态心理变化数据为基础,对其心理状态进行评估和预测。

首先,假定大学生心理健康水平评估指标集为 $\{x_1, x_2, \cdots\cdots, x_m\}$,通过连续观测,得到时间 $t_1, t_2, \cdots\cdots, t_n$ 内的观测数据。

(1) BP 神经网络

令 $y_1, y_2, \cdots\cdots, y_n$ 表示 $t_1, t_2, \cdots\cdots, t_n$ 时刻调查对象的心理健康水平,则

$$y_i = f(x_i) + b_i$$

其中 $f(\cdot)$ 表示神经网络隐层全连接网络运算,b_i 为偏置常数。经典的 3 层 BP 神经网络结构如图 4-3 所示。

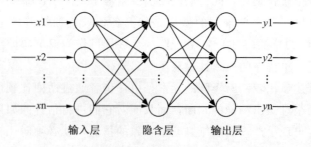

图 4-3 神经网络结构

---

① Liu Guolong. Research on high education of big data system of the entrepreneurial and innovational capability [J]. CUM, 2015(8):459-479.

然后,以连续每个时刻心理状态为输入,对当前时刻对象的心理状态进行预测:

$$y = f(Y) + b$$

其中,$Y = (y_1, y_2, \cdots, y_n)$。

(2) CNN 卷积神经网络

在 $t_1, t_2, \cdots, t_n$ 时间内采集得到的调查对象对应的观测指标数据组成一个二维的数组,行表示时间,列为对应的观测指标。假定调查对象近期网络行为观测指标数据为 $A_{n \times m}$,将该样本数据作为输入,建立 CNN 网络结构,第 i 层的输出表示为:

$$f_i(X) = f_{i-1}(X) * W_i + b_i$$

其中 $*$ 表示卷积运算,W_i 表示第 i 层网络的卷积核参数,b_i 表示第 i 层的偏置参数。

对于调查对象心理健康状况的评估,我们通过 0~1 之间的实数表示,定义为变量 y,假定 CNN 网络结构层数为 N,则最终输出结果:

$$y = \max(0, f_i(Y) * W + b)$$

选定激活函数为 Re Lu。[①]

4.2 大学生思想政治教育大数据语义分析模式

语义分析作为基于大数据的人工智能前沿技术,能够将文本背后所表达的真实含义呈现出来。在将大数据技术引入思想政治教育的过程中,存在过于强调群体数据、一味追求对受教育者数据化、忽视个人真实思想动态水平的问题。通过将语义分析技术引入思想政治教育,构建以语义分析为核心的精确化个体分析模式,思想政治教育工作者能够充分发挥大数据技术的优势,更加有针对性地进行工作,把握受教育者思想动态水平。

4.2.1 大学生思想政治教育大数据语义分析模式概述

大数据技术引入思想政治教育变革了其传统的认识方法和分析方法,传统的认识方法由于数据搜集方式有其局限性,因此,数据样本具有较大随机性,基于这种数据的传统分析方法所得出的受教育者的思想水平状况

---

① Liu Guolong. Research on the university's education of ideological and political of big data analysis model [J]. BEUT, 2016 (10): 137-149.

必然具有与其真实水平不一致的误差。这种误差在受教育人群整体中往往容易被忽略，但在大数据时代，得益于巨量的数据收集条件，对个体思想水平状况的数据收集更加便捷，这种误差可以直观地呈现出来。而采用传统的分析方法，个体之间的思想水平差异难以体现，个体所呈现出的思想水平是否真实更加存疑。因此，对于个体真实思想水平差异的分析仍需细化，新型分析技术应用于思想政治教育迫在眉睫。

对大数据一词有了准确的理解与解释后，我们获知除了数据本身之外，人们通常也将大数据相关的数据收集、数据处理、数据分析等技术一并统称为大数据技术。语义分析作为数据分析技术的重要组成部分，亟待应用于大数据思想政治教育领域。语义即语言的意义，是文字、符号等载体所传达出的信息的含义。语义具有领域性的特征，领域性即同一事物在不同的领域有与该领域所对应的理解。在计算机领域，"语义分析是整个编译程序完成的最实质性的翻译任务"①。作为计算机编译过程的逻辑阶段，语义分析"通过建立有效的模型和系统，实现在各个语言单位（包括词汇、句子和篇章等）的自动语义分析，从而实现理解整个文本表达的真实语义"②。本研究认为思想政治教育领域中的语义分析，是在收集思想政治教育被分析对象文本信息之后，经过第一阶段计算机领域的信息转换，即将信息本体转换为机器学习语言之后，利用思想政治教育词库筛选信息，通过思想政治教育语义规则库及相关模型进行的第二阶段的语义分析。语义分析本身可以根据文本信息的长度划分为词汇级语义分析、句子级语义分析和篇章级语义分析。在以把握思想政治教育受教育者思想动态水平为目的的应用场景下，所需进行语义分析的文本多为单句或多句组合的文本，因此，主要使用句子级语义分析方法（图4-4）。

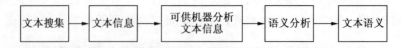

图 4-4 思想政治教育大数据语义分析阶段图

语义分析引入思想政治教育分析的必要性。思想政治教育作为以人为主体，通过中介对受教育者进行改造的实践活动，包含思想政治教育工作

---

① 陈英，陈朔鹰. 编译原理 [M]. 北京：清华大学出版社，2009：6.
② 中国中文信息协会. 2016 年度中文信息处理发展报告 [EB/OL]. (2016 - 01 - 14) [2019 - 09 - 19]. http：//www.digitalhumanities.org/dhq/vol/7/1/000154/000154.html.

者、受教育者、教育中介三个要素,即教育的主体、客体、中介。大数据技术引入思想政治教育带来技术革新的同时,也带来了新的挑战、新的问题,语义分析技术作为大数据技术派生分析技术,其必然应用于思想政治教育的过程中,解决传统分析方法所不能解决的技术难题。

从思想政治教育主体维度而言,思想政治教育这一学科从建立以来,就要求以人为本,以个体为本,但是受传统的教学手段限制,往往采取思想政治课的手段,到了现在,各个高校仍然是以思想政治课程为主进行学生的思想教育。过去局限于技术手段,思想政治教育的认识方法与分析方法都无法精确化到个人层级,随着技术的发展,我们有了关注个体的能力,但是大部分思想政治教育工作者在大的教育理念上还没有革新,还是以群体教育作为技术应用切入的角度,思想政治教育的个体教育一直以来处于一种尴尬的境地,个体的教育通常依存于整体甚至被忽略。目前思想政治教育工作者基于大数据的思想政治教育通常参照其他学科的教育,建立智慧课堂,利用中国大学 MOOC 等平台进行学生学业考察,针对学生学习的薄弱环节展开个性化的课程设置,发挥大数据时代个性化、精确化教学的优势。"数据作为高新技术传播信息资源的基础,其最大的优势是在于数据共享,使高校思想政治教育的学生可以随时随地随处地搜索资源。"[1] 这种大数据技术与思想政治教育结合的方式优化了传统的课堂教学模式,但仍未从根本上利用大数据对于个人画像构建的技术优势。思想政治教育主体在旧理念的影响下,分析数据时,多采用以关键词爬取、词频分析为主的舆情分析方法,这种分析方法虽有利于把控社会群体的思想水平,但难以精确把握个人的思想水平动态,对于个人的思想状态水平分析意义不大。语义分析与舆情分析相区别,着重分析个体方方面面的数据,把握个体创造出的数据的真实意图。群体是由独立个体组成的,个体永远是群体建立的基础,传统的通识教育从群体教育角度出发,固然有其独有的教育理论和方法,而新时代的思想政治教育一定要走向分析个体的必然路径,作为思想政治教育主体的思想政治教育工作者,应转变将技术应用于传统课堂的观念,从根本上革新大数据教育理念,发挥新技术的优势。语义分析以其分析个体意图的独特优势,作为一种大数据分析手段,势必会在愈发倡导个性化教学的教育环境下得到重视,进而普遍应用于思想政

---

[1] 胡静.大数据时代背景下的高校思想政治教育研究[D].成都:电子科技大学硕士学位论文,2016:17.

治教育。

从思想政治教育客体维度而言,一方面,思想政治教育客体的主体意识强化,其隐私意识不断增强,在思想政治教育工作者进行受教育者数据收集、分析的过程中,传统分析手段无法分析思想政治教育受教育者的真实意图。思想政治教育作为以人为对象的实践活动,必然要考虑到人的主观意志。作为有意识受到教育的个体,受教育者在反馈受教育信息时,通常倾向于"好"的结果,在思想教育领域更甚。另一方面,思想政治教育客体在被动接受教育时的对抗意识较为强烈。主动寻求思想教育课程的受教育者通常其思想水平处于较好的状态,但是思想水平处于较差状态的受教育者,不仅不会主动寻求相关课程进行学习,更会在被动接受相关课程教育时,提交与其真实思想水平不一致的反馈,这对于思想政治教育工作者来说是极难辨别的。因此,在某些特定平台所取得的特定数据,在应用于思想政治教育工作时,其数据的真实度、可靠性都有待商榷。语义分析技术,基于思想政治教育客体日常公开的社交文本信息进行分析,能够有效规避受教育者的隐私问题,并且通过其日常社交文本进一步挖掘受教育者的真实思想状态,避免在特定平台获得虚假反馈信息。

从思想政治教育中介维度而言,大数据技术引入思想政治教育,数据及其相关的收集分析技术就成为连接思想政治教育主体和思想政治教育客体的桥梁。数据作为思想政治教育客体思想水平状态的载体,需要思想政治教育主体通过数据分析技术这一工具进行挖掘,才能得出受教育者的思想水平状态。目前作为思想政治教育中介的数据及其相关技术面临以下问题。一方面,大数据时代人们每天所创造的数据量多达2.5亿字节。随着信息技术的发展,每人每天所创造的数据量愈发庞大。即使是受教育者的思想政治教育相关的数据,其数据量也是极为庞大、冗杂的,依靠传统的数据统计及分析方法无法从庞大的数据中把握受教育者的整体思想状态水平,因此,必须采用与数据收集手段革新相对应的分析手段。另一方面,获得了个体的文本信息数据后,准确把握受教育者的思想动态、发现非正常情况下文本信息的异常、在追踪受教育者长期思想动态的过程中敏锐地发现受教育者个体思想的细微差异,这些都是思想政治教育工作者无法以人力完成的。只有通过引入语义分析技术,以机器为辅助进行受教育者思想动态的把握,才能极大地提高思想政治教育工作者的生产力。通过机器学习,不断地对分析模型进行优化,思想动态把握的准确性也将随之提高。

4.2.2 大学生思想政治教育大数据语义分析资料构成因素

思想政治教育研究以人为主体,针对人的思想、情感、创作、行为、活动体制等层面进行探讨与思辨,研究数据通常为人类个体或群体的各项表现记录,在数据利用上,大致以文献素材的反应表现及抽样调查或局部观测数的统计模型分析为主,研究限制条件包括资料的覆盖率、数据处理的成本及人脑对数据接收与解读的认知能力等。而在现今大数据化的数据计算与大数据框架下,许多现象与行为可以被广泛记录、观察,语言文字被转化为可供计算分析的资料,个人的生活样貌及人群之间的互动更是丰富多样,被展现并保存于各项社交工具平台。思想动态的知识体系虽然正面临铺天盖地的数字化浪潮冲击,挑战了传统的数据认知与研究方法,但也带来巨大的、等待开发的潜能,并将启动新世代的研究典范转移。本研究以觉察思想政治教育大数据语义文本为主要角度,尝试归纳选取出大学生思想政治教育大数据语义分析资料构成的几个必要因素。

4.2.2.1 数据的原生性

许多社会化活动以数字化流程运作后,人类各种活动留下了丰富而大量的数字化足迹。对思想政治教育研究而言,数据是原生、多样而充沛的,学校管理部门、学院、教学与社交平台等不断累积庞大记录数据,许多文件书籍等纸本资料,也持续被回溯数字化形态。因此,人类历史与现代样貌从某种程度上被投射到一个数字化空间,既是研究议题不可忽视的巨大存在,也是充满无限可能的机会之地。

4.2.2.2 数据的可操作性

数字化数据除了在保存、传输、取用等面向上打破了传统的时空限制之外,其数字化本质更是让各种计算技术有非常宽广的操作空间。数据可以被切割成颗粒单元,可以在各种维度上重新组合、以各种角度检视,并可供各种计算方法尝试达成各种分析目的。以文本数据而言,人类的语言文字转化为数字化数据后,可以被拆解为一个字元,甚或一个音节的数字化数据单位,而从最小单位,到字词、词组、句子、段落、篇章、特定主题文稿集或无所不包的语料库,都可以被设定为操作对象。各类表单记录的结构化数据则提供了便捷的数据操作框架,让数据使用更容易扩大。认识并理解各种数字化数据操作概念与技术,有助于思想政治教育大数据语义分析资料研究数字化采集的开发。

4.2.2.3 数据的可连接性

随着人类数据的大幅成长,各种数据之间也将产生在主题、对象或概念上的连接,而能提供更完整的意义与样貌。数据之间可能存在显而易见的关联,也可能隐藏着微妙的关联,无论是主观的认定,或是客观的检验,都可以透过数据的计算分析过程,进行主导性的建立或是探索性的辨识,而取得信息的连接与整合,协助研究人员建构出更完整的脉络信息与知识体系。

4.2.2.4 数据的可呈现性

数据的数字化性质在各式计算方法的操作下,可以产生高度弹性的数据观察能力,在各种分析工具的参数设定下,数据的维度与面向可以被轻易地选择、调控与投射,从而可以多视角地呈现数据内容的丰富样貌。当数据量远超一般人有限的数据消化与认知能力时,数据的弹性呈现能力可以提供宏观的全貌描绘,快速取得统整性信息或浮现出显著信息,也可以聚焦到特定象或内存块,进行细微爬梳检视。另外,数据可视化技术以多元图像呈现信息意涵,展示出更有力的信息传递效果。

4.2.2.5 数据的可检验性

数据的数字化形态让数据便于公布流通,可以让不同研究团队之间就相同议题和方法,对各自团队的分析结果,相互或前后验证;也可以用不同的方法,比较结果的差异,测试方法的优劣;或是探讨不同的议题,开发不同的发现;或是累积整合为更大的研究成果。数据就如同实验室中的材料,可以反复操作测试,实验过程与结果都可以被复制检验,提升研究成果的客观性与正确性。

4.2.2.6 数据的高价值性

在大数据时代,数据的累积速度远远超过数据被利用的程度。不断生产堆积的数据大幅度地捕捉了人类行为与思想动态的真实样貌,提供了侦测、探究、理解个人与群体的全新途径。大数据就如同巨大的矿源,包含丰富的信息与知识,等待钻探与挖掘。因此,数字化数据无论是学术研究、高校公共治理,还是思想政治教育工作等,都是具有高度价值的重要数据化资产。①

同时,本研究认为思想政治教育大数据语义分析研究,未必需要硬性

---

① Liu Guolong. Research on the university's education of ideological and political of big data analysis model [J]. *Business and Economy United Yribune*,2016(8):139.

通用技术研究领域规定所谓大数据资料规模的技术门槛。思想政治教育大数据语义分析研究数据通常是以文字为主，大部分的数据规模并不会达到大规模机器设备的技术门槛。许多与研究议题相关的大学生思想政治教育大数据语义分析资料数据集，其数据量也远超过人脑的认知能力与记忆容量，或可视之为人脑概念大数据相对于过去人文社会数据的大数据，对大学生思想政治教育大数据语义分析研究展开数据计算框架的探索，仍是一个必须先建立的起点，同时，也具有实质的研究价值与潜在的研究贡献。

4.2.3 大学生思想政治教育大数据语义分析途径模式

大数据这一概念自2013年传入中国以来，思想政治教育工作者们积极拥抱新技术，对大数据这一技术引入思想政治教育的方式方法进行了大量研究，因此，培养了一批具有大数据视野的思想政治教育人才队伍。笔者以"大数据+思想政治教育"为篇名关键词，在知网上进行论文检索，从2013年至2020年共有1 154条检索结果，其中2013年3篇，2014年16篇，2015年54篇。2016年之后大数据与思想政治教育结合的研究成为热点，相关论文数量爆发式增长。2013年，思想政治教育工作者对大数据技术应用于思想政治教育做出了初步的探索，从大数据本质入手，探究大数据量化思想政治教育范式构建的必然性，对思想政治教育引入大数据技术有了统一的认识，认为思想政治教育工作者应该强化数据意识，顺应学科量化需求。2014年，对于大数据引入思想政治教育的相关研究更加细化，在发挥新技术优势的同时，也有相关研究者提出了新技术所带来的一些问题，如王国军在《大数据时代的大学生思想政治教育研究》一文中提出了大数据技术所需的数据收集环节涉及受教育者的隐私问题。也有相关学者提出了大数据技术与思想政治教育结合的实质性方法，如王海建在《大数据时代与高校思想政治教育的实效性》一文中提出，"对高校内部思想政治教育数据资源进行整理分类，把各部门、各工作室、各院系的思想政治教育数据资源整合，搭建校内思想政治教育大数据基础平台"。"高校要充分认识到社会上大数据资源的重要性，与相关教育部门、教育基地、企业、社会组织密切合作，动态把握教育政策变化，为大学生搭建教育实践平台。"[①] 2015年至2020年，思想政治教育工作者在大数据技术

---

① 王海建. 大数据时代与高校思想政治教育的实效性[J]. 高校辅导员学刊, 2014 (4): 40.

引入思想政治教育工作方面的研究从理论到实践,从伦理问题到技术问题,均做出了较为充分的研究。语义分析技术作为大数据技术的一环,更容易被这些思想政治教育工作者理解、接受、应用。

关注思想政治教育客体维度。当今社会越来越多的人通过网络空间表达自己的想法,阐述自己的观点,分享自己的生活。思想政治教育客体在日常的学习生活中,必然会在网络空间中留下各种各样的公开或半公开的文本信息,这使得受教育者数据收集的条件充足。如微博、论坛、视频网站评论就属于公开的文本信息,只要关注了受教育者的相关账号就可获取,甚至无须关注就可以通过网络爬虫爬取这些信息。而 QQ、微信等私人社交工具,作为受教育者的好友,也可获得 QQ 空间、朋友圈中受教育者主动分享的信息。这些文本信息内容,不仅为分析受教育者的思想状况提供了条件,也为语义分析引入思想政治教育,进而大批量分析受教育者提供了可能。另外,思想政治教育客体具有被需要的要求。作为关注思想政治教育客体日常社交生活的思想政治教育工作者,相对于传统课堂上的思想政治教师,与思想政治教育客体具有更为密切的关系,对于受教育者更易接受。思想政治教育中介维度中文语义分析技术引入思想政治教育已经具有现实可行性。语义分析作为基于大数据的人工智能前沿技术,成为学术界研究热点,但由于汉语相对于英语的复杂性,尤其是对于机器识别的复杂性,中文文本的语义分析的研究难度相对较大。2015 年,刘磊等人在《中文网络文本的语义信息处理研究综述》一文中指出,"单纯的词汇语义涉及更多的历史年代、社会背景等语境因素,此方面的研究是语言学中的重要研究领域,其他学科很难涉及;而文本的语义演化规律则依托于词汇与文本的语义和词汇的演化规律作为保障,所以目前计算机学科和语言学学科主要集中于对文本的语义分析和词汇的语义演化规律的研究工作"①。经过五年的发展,中文文本语义分析的研究不仅在理论上有了突破,针对中文文本语义分析的算法及模型愈发多样化、精确化,更在具体的软件应用上有了重大的突破,例如具有文本聚类、文本分类、摘要实体、智能过滤、情感分析、文档去重、全文检索等功能的 NLPIR 平台(natural language processing & information retrieval sharing plaiform,自然语言处理与信息检索共享平台),为研究者提供了语义分析应用于思想

---

① 刘磊,李壮,张鑫,等. 中文网络文本的语义信息处理研究综述 [J]. 计算机应用研究,2015 (1):8.

政治教育的实验手段。

构建以语义分析为核心的精确化分析模式的途径。思想政治教育与其他学科具有根本上的不同,即不以专业知识的掌握为目的,而在于培育符合社会要求的思想水平的人。大数据技术优化传统教学方式的智慧课堂等尝试,可以用来检验一个人专业知识的学习状况。相关思想政治教育工作者可以应用大数据的反馈来优化教学模式,但这种方法并不适用于思想水平的检验,不适用于对受教育者的思想状态的把握。一味地借鉴模仿其他学科与大数据结合的路径,无疑是不够实事求是的。思想政治教育的特殊性决定了思想政治教育在与大数据技术结合的过程中要找到一条属于自己的独特结合路径。语义分析作为对人的意图进行把握的技术,符合思想政治教育的特殊性,必然要作为大数据与思想政治教育结合的切入点,革新传统的思想政治教育模式。

重视以语义分析为核心的精确化思想政治教育模式。大数据时代思想政治教育构建精确化个体分析模式即以被分析个体的海量数据为依托,进行个体数据的收集、抽取、语义分析、再处理,根据数据反馈对受教育者进行个性化教育,进而优化分析模型(图4-5)。

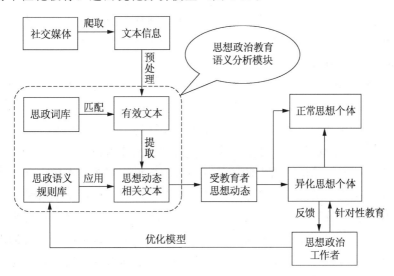

图4-5 以语义分析为核心的精确化思想政治教育模式图

重视数据收集过程。数据的收集过程就是将受教育者在网络上所发布的所有信息尽可能地通过爬虫工具爬取到一起。在这个过程中无视数据中所存在的语法、逻辑、事实错误,将这些数据一并收集,整合成为原始数据集,即图中的文本信息。

在数据收集的过程中,要区别商业价值导向的数据收集,诸如消费信息、消费能力、出行记录等与思想政治教育无关或关联较小的冗杂数据不予收集。而在反馈思想水平的方面,加大数据收集的力度,不局限于校内平台、教育平台,注重思想政治教育相关的数据收集,尤其是受教育者在社交平台所发布的社交数据。

对数据的爬取通常使用基于 Python 的 Scrapy 框架实现网络爬虫。"Scrapy 框架是一个基于 Twsited 的异步处理框架,是通过 Python 实现的爬虫框架,架构清晰,模块之间的耦合程度相对较低,而且可扩展性也比较强,能够灵活完成各种需求。"①

数据的预处理。"数据的预处理主要是对原始数据的清洗、抽取元数据,对于网络的文本信息预处理主要是文本的分词、去停用词(主要是一些标点、单字和一些没有具体意义的词,如:的、了等重复出现的词)、文本特征向量提取、词频统计、文本的模型化表示等操作。"② 第一步数据收集过程中所爬取到的信息可能包含诸如非法字符、无意义字符等对于机器识别无效的信息,因此,需要对所收集的信息进行计算机领域的语义分析,将过时、重复、不一致的数据刨除掉,筛选出可供机器自然语言处理的有效信息。这一步可通过现有的语义分析模型,如 NLPIR 平台进行处理,识别文本所表达的字面意思,筛选出有效文本。

思想政治教育词库匹配。思想政治教育词库即包含思想政治教育相关关键词的数据库,须由思想政治教育工作者创建。创建关键词库的方式通常是人工创建和利用关键词工具批量推荐关键词。由于思想政治教育的特殊性,笔者认为应以人工创建为主、工具批量推荐为辅,即工具建库,人工核查、补充。第二步数据的预处理中所筛选出的有效文本包含受教育者日常生活中所有有意义的文本,但是这种有效是对于机器识别有效,其意义也包含各个方面,如商业意义、生理意义等。因此,需要通过思想政治教育学科的专门词库对这些信息进行进一步的筛选,将文本信息与词库中的关键词进行比对,保留可以显示受教育者思想动态水平的文本信息,得到对于思想政治教育工作者有意义的思想动态相关文本。

---

① 田煜. 基于语义情感分析的网络热点爬虫舆情分析系统 [J]. 软件,2020(8):90.
② 王书梦,吴晓松. 大数据环境下基于 MapReduce 的网络舆情热点发现 [J]. 软件,2015(7):111.

思想政治教育语义规则库。应用思想政治语义规则库是具体的分析算法规则，将规则作用于文本，获取语义分析结果。思想政治语义规则库的建立，需要以思想政治教育工作者的教育理念为主导，相关技术人员进行算法的编写，创造适用于思想政治教育语义分析的算法函数，再对函数进行封装，形成可操作性强的模型。在应用的过程中，对第三步思想政治教育词库匹配后，再对思想政治教育相关的有效信息进行语义分析，通过应用的算法，分析受教育者所表达的真实意图，将受教育者的思想动态水平以文本、图表等表现方式直观地呈现出来，并自动将异化思想的受教育个体标记，反馈给思想政治教育工作者。

针对性思想政治教育及模型优化思想政治教育工作者在收到机器的反馈提示后，结合语义分析反馈结果，对非正常个体的思想动态水平进行人工及智能的综合性评估，遵循以人为本的教育理念，对非正常个体进行针对性的思想政治教育。同时思想政治教育工作者可以根据语义分析的结果，对这种结果是否达到预期效果进行评估，反馈给相关的技术人员，进一步优化思想政治教育语义分析的模型，提高模型的精确度，进而提高对受教育者思想动态水平把握的精确度。对于同一实际条件，不同的语义分析模型可能得到不同的分析结果；对于同一语义分析模型，不同的实际条件，也可能得到相同的实验结果。因此，提高个体思想水平分析的准确性，除引入语义分析方法之外，还须尽可能地构建多个分析模型，加大对样本数据的测试量，减小分析中可能出现的误差，进一步提升精确化思想政治教育模式的准确性。

大数据技术引入思想政治教育，为思想政治教育者在宏观上把控群体思想动态提供了可能，思想政治教育工作者也从宏观角度出发，对群体思想政治教育的规律性进行探究。本研究认为应发挥大数据技术精确化的优势，重视寻找个体思想政治教育规律性，不单单对群体数据进行量化把握，更要从群体中将个体剥离出来，通过个体分析技术对个体思想政治教育的一般规律进行探究，采用理工科的思维，从个例出发进行实验探索、总结，在此基础上回归到群体，进而找到以个体特性为基础的群体思想政治教育的一般规律。只有重视对个体思想政治教育规律的探究，找到个体思想政治教育的一般规律，才能保证在思想政治教育的过程中，不再出现教育失败，甚至走向极端的个体。只有保证了个体思想政治教育的稳定性，才能保证群体思想政治教育的稳定性。个体思想政治教育的规律性与群体思想政治教育的规律性可以同时进行探索，但是笔者认为应该以个体思想政治教育的规律性的探索为主,以群体思想政治教育的规律性的探索为辅,真正实现每个人自由而全面的发展。

警惕大数据技术引入思想政治教育带来的个体标签化危机。大数据被 IBM 描述为具有"5V"特征:volume(大量)、velocity(高速)、variety(多样)、value(价值)、veracity(真实性),而随着互联网行业越来越深入生活的方方面面,其中的 value 一度被认为是商业价值极高。通过大数据技术,商家将用户打上诸如"高消费""偏好旅游"等标签,通过精细化的数据标签构建出用户画像,精准营销、推送广告,从而降低成本,获取更高的利润,甚至出现"大数据杀熟"等资本闹剧。在其他以让受教育者掌握知识为目的的教学领域中已经形成了商业化乃至产业化的模式。但是思想政治教育与其他教育有本质上的不同,"思想政治教育是社会或社会群体用一定的思想观念、政治观点、道德规范,对其成员施加有目的、有计划、有组织的影响,使他们形成符合一定社会所要求的思想品德的社会实践活动"[①]。在教育领域整体与大数据技术尝试结合的大的浪潮中,思想政治教育由于其教育目的的特殊性,其与大数据技术结合的方式方法必然不可能与其他学科一致。虽然马克思曾认为,世界上任何一门学科如果没有发展到能与数学紧密联系在一起的程度,那就说明该学科还未发展成熟。但是思想政治教育作为一门仅被创立三十多年的学科,其显然还需要更多的实践经验的积累。目前,在大数据引入思想政治教育的过程中,是否也在尝试将受教育者进行标签化的画像,进而迷失于技术的应用;思想政治教育工作者们是否能够区别大数据技术与其他领域结合的路径,找寻新的技术应用方法,探索大数据与思想政治教育结合的第二路径,仍是未知数。

本研究认为思想政治教育的计量化、数据化固然是发展的趋势,但是最终还是要回归到受教育者的真实个体,从数据化、量化回归到具有真情实感、实实在在的人。正因如此,在相关技术手段中的语义分析,有其独特的分析优势,在技术与思想政治教育结合的过程中,不至于将个体淹没在群体数据海中,从而达到服务于人而不是解构人的技术应用目的。笔者也相信,语义分析的"人情味"会成为开启人工智能技术与思想政治教育结合之门的钥匙。

---

① 《思想政治教育学原理》编写组. 思想政治教育学原理[M]. 北京:高等教育出版社,2016:4.

4.3 大学生思想政治教育大数据分析评价体系的构建

4.3.1 区块链助力高校思想政治教育伴随式评价理论基础

大数据时代背景下，高校思想政治教育的理念、手段、载体都有了与新技术相适应的变化。而依托教育者对受教育者教育效果进行检测的传统测量范式所构建的评价体系，还未与大数据技术有质变的结合方式。区块链技术作为大数据技术树的新型分支，除了具备大数据技术的基本优势之外，更有其独特的以分布式理念为依托的多主体式技术特点。这种技术优势与高校思想政治教育的教育理念相契合，能够对传统的受教育者思想动态水平的评价模式进行革新，创立突出受教育者主体性的新型评价体系——伴随式评价体系。

4.3.1.1 高校思想政治教育伴随式评价体系相关概念

"教育测量与评价是两个有巨大差异而又紧密关联的概念。教育测量是对教育中的客体属性进行量化或质性描述，教育评价是在某种标准下对教育对象的价值或者属性进行评判。"[①] 教育评价以教育测量为依托，学界对教育评价的定义并没有强调评价主体的差异，即教育评价应由谁做出。当前思想政治教育界对于受教育者的评价，大多处于由教育者一方做出评价的结果式评价体系之下。

结果式评价体系，是以结果性测量手段为依托，对受教育者的受教育结果进行阶段性的测量，利用考试、测验等方式对受教育者的答案进行评价。作为以知识掌握为目的的教育学科的构成要素，结果式评价体系是不可或缺的。但是并不适用于以培育人的积极的世界观、价值观、人生观为任务的思想政治教育，人的三观并不存在一个极其标准化的答案。因此，有思想政治教育者将过程性评价理念引入了思想政治教育，将评价从结果转向过程，即从时间上将点延伸到线，不再局限于学期末的评价节点，而是把评价纳入整个教育的过程中，实现对于受教育者思想水平的动态评价。

然而本研究认为，即使是过程性评价，对于思想政治教育这一特殊的学科，仍然是不够全面的。这种不全面既体现在评价的数据基础，即数

---

① 杨向东. 教育测量在教育评价中的角色 [J]. 全球教育展望，2007（11）：61.

来源、数据量上,也体现在评价体系的覆盖面,即评价结果对教育者的反馈和受教育者的帮助上。因此,新的评价体系——伴随式评价体系引入思想政治教育是十分必要的。如果说从结果式评价体系到过程性评价体系是由点到线,那么伴随式评价体系即从线到面,不仅由单一主体对受教育者做出教育评价,更强调多主体的教学理念;不仅着眼于过去与现在,更强调受教育者未来的可能发展。

4.3.1.2 高校思想政治教育伴随式评价体系是什么

本书所提出的基于区块链技术的高校思想政治教育伴随式评价体系,旨在尝试突破传统的高校思想政治评价模式。但是这种高校思想政治教育伴随式评价体系究竟是什么?为什么只有通过区块链技术才能构建这种评价体系?本书将从伴随式评价的特点出发进行阐述。

任友群认为"伴随式评价"有三大特征:"第一,伴随生活全领域(只有伴随生活才有可能解决那些'难以测量能力'的'测不准'问题);第二,伴随学习全过程(只有伴随学习才能使评价真正应用于调整学生的学习行为);第三,伴随个体自适应。"① 伴随式评价应用在思想政治教育领域并使之成体系,首先,要改革高校传统的结果式评价,深入受教育者的生活领域,追踪受教育者的思想动态水平波动,探究个体思想政治教育规律。其次,在改革评价模式的同时,使教育者的教学理念进行革新,从单纯对受教育者的良师关系到兼具良师益友的伴随式关系。除此之外,只有利用信息化技术才能保障高校思想政治教育伴随式评价体系的构建。

无论是从数据的处理难度上,还是从教学理念的变革上,伴随式评价体系的构建难度必然较之过程性评价体系的构建难度呈几何式上涨,因此,新的技术手段的应用是极其重要的。区块链技术作为大数据的新兴技术分支,其多中心化、集体维护等特征,完美地填补了伴随式评价体系的技术空白。

4.3.1.3 区块链技术特点与思想政治教育伴随式评价体系相耦合

区块链概念作为比特币交易的技术基础由中本聪提出,首先应用于金融领域。区块链的本质是一种分布式的数据库,即交易的双方对交易过程进行确认,分别记录交易的完成,并对其他交易节点进行公开。这个过程中除交易的双方外,获取公开信息的节点也对这一交易过程进行确认,并

---

① 任友群. 伴随式评价:变革的先导 [EB/OL]. (2016-08-13) [2020-10-30]. https://www.sohu.com/a/55441530_372506, 2016.

将信息添加在自己的"账本"中，实现交易数据的分布式储存。区块链技术以其多中心化、开放性、防篡改性、可追溯性的技术特点，具有了能够应用在思想政治教育领域的可能，这些特点与思想政治教育伴随式评价体系的构建密切相关。

区块链技术的多中心性。区块链以 P2P（peer-to-peer）网络协议为基础，构建出了个人对个人式的网络交互方式，网络中的每一个个人节点均对其区块中的数据信息交互进行记录，形成了多主机、多中心的信息储存模式。多中心的技术优势为在思想政治教育中发挥受教育者的主体性提供了技术支持。首先，位于传统结果式评价体系之下的受教育者，其身份发生了转变，从被评价者转换为自评者、他评者，进而提升受教育者的主体意识。其次，多点式的评价方案，使得思想政治教育者做出的评价及收获的评价反馈更加全面、公正。最后，多中心互评反馈的模式，能够极大缓解思想政治教育工作者的数据处理压力，有效地提高思想政治教育的教学效率。

区块链技术的安全性。区块链技术由于其多中心的优势，相应区块内的每一个中心节点都具有全部的区块数据，这使得想要改变已写入的数据，就需要改写超过半数的数据中心节点。不具备进入区块权限的主机，甚至无法碰触到相应数据。因此，将思想政治教育数据利用区块链技术进行储存，将思想政治教育工作者如高校教务处、网络安全中心等数据中心进行链式链接，一方面可以消除各部门之间由于信息孤岛而产生的资源浪费现象，另一方面能够提升思想政治教育数据的安全性，防止数据交互过程中的信息泄露问题。

区块链技术的追溯性。区块链技术具有极强的追溯性，每一个区块都与前一个区块通过特定的哈希值相关联。区块之间通过哈希值的识别，构成完整的链条，这就使得个体相关的数据紧密地联系起来，便于数据的查询与后续的添加。在思想政治教育领域，利用区块链技术的溯源特性，将个体的思想政治教育数据拟合成链，不仅可以通过时间节点便捷地寻址，查找某一特定时间段的个体思想状况，更能直观地看出数据来源的动态变化水平。这一数据链条将伴随受教育个体，并不断地延伸发展。

综合区块链技术的技术特点，我们可以对基于区块链技术所构建的思想政治教育伴随式评价体系这一概念做出其所具特点的概括，即全面、客观、效率、安全、强调动态发展。

4.3.1.4 基于区块链技术的高校思想政治教育伴随式评价体系的意义

构建基于区块链技术的高校思想政治教育伴随式评价体系，一方面将大数据时代下最新的区块链技术引入思想政治教育领域，充分发挥信息化技术在思想政治教育中的作用；另一方面变革传统的教学体系，能够更积极地引导大学生思想道德水平的建设，这能够更高质量地完成高校思想政治教育的任务要求。基于区块链技术的伴随式评价体系引发高校思想政治教育教学理念变革。

第一，基于区块链技术的伴随式评价体系能够使高校思想政治教育更加精确化。传统的评价体系以统一的标准对群体进行筛选，但很难做到针对个人思想状况的正确评估，这一方面囿于技术支持的不足，另一方面在于传统评价体系本身的弊端。伴随式评价体系更加注重个体的发展，在传统结果式评价、过程式评价对学生知识传授效果、能力培养效果评价的基础上，更能对学生的品德教育效果做出精确的评价。不同于分数这一指标性的评判标准，基于区块链技术，伴随式评价体系将从多维度对学生进行评价，大量的数据将消除可能带来的误差。

第二，基于区块链技术的伴随式评价体系能够使高校思想政治教育更加全面化。"从一定意义上说，知识传授、能力培养都是为培养和塑造学生思想政治品德服务的，都是为了学生的健康成长、成才。"[1] 伴随式评价体系下，思想政治教育者对学生思想政治品德培育方案的制订，不局限于学生的课堂反馈。依托区块链技术，将评价的过程与学生生活相结合，在更加全面获取学生反馈的同时，也能够构建全面的新型网络思想政治教育模式，从课堂、生活多方面出发，全方位立德树人。

第三，基于区块链技术的伴随式评价体系能够使高校思想政治教育多中心化。除了思想政治教育相关数据的多中心存储优势外，区块链思想作用下的伴随式评价体系，突出受教育者的主体性，每个受教育者个体之间也将具有朋辈式的伴随评价关系。受教育者之间进行相互教育、相互评价成为可行的教育方式，这种教育的交互信息同时也记录在思想政治教育者的储存中心，思想政治教育者可以对其进行积极的引导。

第四，基于区块链技术的伴随式评价体系注重探究思想政治教育的个

---

[1] 盛湘鄂. 高校思想政治理论课教学实效性及其评价［J］. 思想理论教育导刊，2009（1）：77.

体规律。基于区块链技术的伴随式评价体系不单单对群体数据进行量化把握，更从群体中将个体突显出来，使得通过个体分析技术对个体思想政治教育的一般规律性进行探究成为可能。从个例出发进行实验探索、总结，在此基础上回归到群体，进而找到以个体特性为基础的群体思想政治教育的一般规律。

4.3.1.5　基于区块链技术的伴随式评价体系促进高校思想政治教学实效性提升

一方面，基于区块链技术的伴随式评价体系，以大数据技术为基础，通过计算机及网络对受教育者的数据进行收集、分析，能够极大地提升思想政治教育工作者的工作效率，将思想政治教育工作者从重复的受教育者的相关数据整理工作中解放出来，从而有更多的时间及精力将工作重心放在学生的德育培养之上。更能够依托思想政治教育区块链所反馈的数据，针对性地制订教学方案，提升思想政治教育的教学效果与教学效率。对受教育者个体做出个性化的适配教学方案也将成为可能。基于区块链技术的伴随式评价体系可以激发受教育者的学习主动性与教育者的教学动力。基于区块链技术的伴随式评价体系，由于其具有多中心化的特点，受教育者将同样能够收到其他受教育者个体所带来的评价结果，同时也拥有了做出评价的权利。这将调动受教育者的学习主动性，让受教育者个体主动地与区块中的其他个体相连，达到共同学习、共同成长的效果。受教育者个体之间的交流更加畅通，当受教育者思想道德水平出现波动时，朋辈个体能够更加迅速地感知并通过区块链网络将信息与教育者交互。

另一方面，对于思想政治教育者，基于区块链技术的伴随式评价体系能够直观地对受教育者的思想状况进行反映，教育者的教育效果将通过区块链网络快速地做出间接反馈，思想政治教育工作者也能够收到受教育者的直接反馈，这也将激发思想政治教育工作者的教学动力，不断优化自己的教育方式，实现师生的共同进步。基于区块链技术的伴随式评价体系强化思想政治教育预测能力并不是为了解决目前的某一特定问题，更多的是对学生的思想政治品德进行塑造，即为了能够引导学生树立正确的三观而面向学生的发展未来。基于区块链技术的伴随式评价体系能够对学生未来的思想政治品德发展做出一定程度的预测，真正做到伴随学生成长，并且随着受教育者数据的更新，预测的结果也不断地更新，直至与现实的受教育者思想道德水平相拟合。由于区块链技术具有溯源特性，这一预测的模型将纳入受教育者个体的数据链条之上，不局限于现任教育者的数据库，也将共享给继任的教育者,从而伴随受教育者的整个学习生涯。

4.3.2 区块链技术助力思想政治教育传统评价范式升华至伴随式评价体系的路径

探索区块链技术构建思想政治教育伴随式评价体系的路径,要从区块链的技术角度出发,深入分析如何精确全面地收集处理思想政治教育相关数据,进而搭建伴随式评价的平台,提升思想政治教育的实效性,为思想政治教育伴随式评价体系的构建打好基础。

搭建区块链多中心信息平台,打好思想政治教育伴随式评价体系数据基础要做好以下几点。

4.3.2.1 数据收集

区块链技术多点信任关系的建立,保证数据收集的全面及准确。改变传统的思想政治教育数据收集的单中心模式,需要各部门、各人员放开数据交流门槛,做到数据的共享共存。首先,将思想政治教育区块内各参与者的主机相互连接,构成区块链网络,通过特定的算法为整个区块加密,确保只有区块内的主机具有相应的数据访问和写入权限。其次,将原有的数据储存中心所具有的数据进行互通共享,初步从教育者个体之间,到高校部门之间,再到高校与高校之间,层层开放权限,实现数据共享平台的搭建。参与互通的节点越多,整个平台所提供的数据就越可靠、越全面,这将为伴随性评价体系的建立提供扎实的数据收集基础。

传统的数据收集储存模式如图 4-6（箭头方向代表数据流动方向）所示,这种信息孤岛式的数据交互方式,极大地浪费了数据存储的空间,阻碍了各节点之间的信息交互,极有可能出现数据的重复收集。并且在数据交互的过程中极有可能出现信息的失真,进一步加大教育的时间、人工成本。依托于区块链技术的多中心化信息平台如图 4-7（箭头方向代表数据流动方向）所示,各节点之间直接进行数据的交互,且每一个节点中都有其所处区块所必需的数据信息,这从基础的数据交互环节就将极大地提高效率,平台中任一节点的数据进行更新,则相应区块中的各个节点都将进行确认,这就构成了一个动态更新的系统,将分散的数据信息整合并实时反馈于教育者。

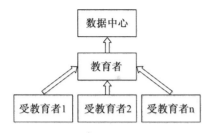 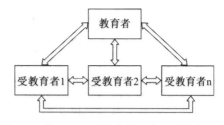

图 4-6 传统数据收集储存模式　　图 4-7 基于区块链技术的多中心化信息平台

4.3.2.2 数据分析

数据的价值通过对其进行分析而体现，区块链技术在提高数据收集的全面性与准确性的同时，也能够提升对于所收集数据的分析效率。在结成区块之前，一般存在一个数据处理的中心，对于所收集的大量数据，都交由这一独立的主机进行数据的分析运算，这时的数据分析效率全部取决于主机的运算能力，随着所收集数据的增加，数据分析将达到主机运算能力上限的瓶颈，而区块链技术将打破这一瓶颈。区块链技术在将数据的收集交由多主机的同时，对于数据的分析，也将由区块内全部的主机进行处理，此时区块内数据的处理将不再受到单一主机算力的限制。在突破算力限制之后，根据思想政治教育者对受教育者的具体教育目的而采用不同的数据分析方法，将极大地提升思想政治教育的教育实效性。

4.3.2.2.1 关联规则学习法

这是一种从大型数据库中寻找变量之间有趣性关系的分析方法。关联规则挖掘通常来说可以分成两步：一是从所收集到的数据中挖掘全部大于等于最小支持度阈值的频繁项集；二是生成满足最小置信度阈值要求的关联规则。即受教育者群体中存在同时做出行为 A 和行为 B 时，大概率也将做出行为 C 的现象，那么思想政治教育工作者就可以以此为依据，根据受教育者个体的行为 A 与行为 B 提前预警具有负面影响的行为 C 产生的可能，对受教育者采取针对性的心理疏导与教育。

4.3.2.2.2 分群分析法

这是一种对于符合某种特定条件的受教育者群体的分析方法。教育者一方面可以了解这个群体的整体性行为，另一方面可以具体知道哪些人符合特定的条件。如在日常的思想政治教育工作中，以原生家庭存在家庭问题为特定约束条件，则通过算法将这一群体归类，分析其在生活中可能需要的帮助，则在日后新加入的特定个体中，也有可能需要相关的帮助。对于受教育者来说,可以通过以基本信息作为约束条件进行分群,也可以以其特定的行为或画像进行分群归类。

4.3.2.2.3 线性回归分析法

线性回归分析法能够确定两种或两种以上变量间相互依赖的定量关系,利用这种方法可以做到对受教育者未来可能行为的预测。将受教育者的数据拟合成一个线性方程,将受教育者的行为作为自变量,其行为产生的发展即成为因变量,通过大量数据修正这一函数,使其更加准确,在达到一定的准确度后,教育者可以通过输入受教育者的当下行为,得到线性方程的结果,借助这一结果预测受教育者的行为可能。

因此,构建思想政治教育伴随式评价体系,首先,要搭建好应用区块链技术的多中心化信息平台,发挥区块链的数据技术优势,打破各系统之间的信息壁垒,做到思想政治教育信息的高效应用。其次,要利用相关的分析技术更加直观地反映出受教育者的思想水平变化,将相关信息提取并拟合,以此为依据为受教育者提供更加具有针对性的教育方案。

4.3.3 构建基于区块链技术的思想政治教育伴随性评价体系

变革思想政治教育者的教学理念,发挥思想政治教育受教育者的主体性,利用思想政治教育数据媒介,营造思想政治教育引入伴随式评价的环境,综合区块链技术的优势,才能最终构建出高校思想政治教育伴随性评价体系。

4.3.3.1 培养思想政治教育者区块链思维

习近平总书记指出,"要探索'区块链+'在民生领域的应用,积极推动区块链技术在教育……领域的应用"[①]。思想政治教育工作者要积极将区块链技术纳入思想政治教育工作中,利用区块链技术的优势提升自己的工作效率。利用区块链技术首先要理解区块链技术所带来的区块链思维,即正确理解多中心化的概念。思想政治教育者应先将自己作为思想政治教育的数据处理中心,并互相凝结成网络区块,赋予自身作为中心节点的身份。之后再逐步将受教育者主体纳入区块,形成范围更广、数据量更大的时间上次生,主体性上平等的思想政治教育数据互通网络。要明确思想政治教育者在多中心模式下的身份定位,在笔者所描述的思想政治教育多中

---

① 习近平在中央政治局第十八次集体学习时强调 把区块链作为核心技术自主创新重要突破口 加快推动区块链技术和产业创新发展[N].人民日报,2019—10—26(01).

心教育模式框架下，多中心的理念并不意味着消解作为教育评价做出者的评价权，而是提升受教育者互相之间的权限，提升数据互通系统的数据质量与数据交换效率。在实际的教学过程中，要做到思想政治教育者对受教育者主体的正确引导，构建思想政治教育者占主导，教育者主体性充分发挥的伴随式评价体系。思想政治教育工作者要主动地学习新型评价系统的使用方式，利用数据时代的最新成果，提升教育质量，提高工作效率。但同时也应要求相关从业人员将相应的具体技术成果高效率地封装为黑箱，降低思想政治教育者的学习门槛，做到对区块链理念有基础的了解，即可正确应用相关科技成果。

4.3.3.2 思想政治教育融入伴随式评价

伴随式评价与思想政治教育的结合，就是伴随式评价与思想政治教育系统所涉及的各个要素相结合。只有找到各要素与伴随式评价相结合的路径，才能完成思想政治教育伴随式评价体系的构建。

思想政治教育者作为传统单中心教育模式下的思想政治教育者，要做出身份认识上的转变，从仅根据考试结果对受教育者做出评价的单一的师生关系，转换为更加符合伴随式评价理念的陪伴式关系。过去受制于精力及技术的限制，思想政治教育者很难关注学习过程之外的受教育者的生活过程，更难以做到对受教育者思想动态水平变化的准确把握。得益于区块链技术对于大量数据收集和分析的支持，思想政治教育者才能够在受教育者的成长过程中做出陪伴式的教育，更有可能以此为基础对受教育者做出伴随式评价。思想政治教育者要综合区块链网络所收集的信息，对受教育者做出全面的评价。除课堂教学成果的检验之外，要实时关注受教育者思想动态水平的波动，及时对受教育者的教育方案做出调整。这种关注从受教育者的整体关心层面细致到对每一个个体的关注，思想政治教育者以班级、年级为单位的陪伴教学，深入对每一位受教育者的陪伴。

除了与受教育者之间的关系发生了转变外，思想政治教育者之间的关系也随着伴随式教育理念的改变而改变。在传统的教育模式下，思想政治教育者只对以自己所负责的班级为单位的学生进行教育，并随着学生年级的更换而与之后的教育者进行教育工作的交接。而在基于区块链的伴随式评价体系下，受教育者从班级单位中凸显出来，同时成为独立的单位主体。教育者也从对单一班级的教育引导，转化为对整个受教育者网络进行教育评价。思想政治教育者可以直观地观察整个网络，互通思想政治教育数据交换，实现教育者群体对受教育者的综合式教育。

区块链助力受教育者间伴随性评价体系构建。思想政治教育受教育者作为教育过程的客体，在区块链伴随性评价体系之下，能够充分发挥学习的主体性，进行受教育者之间的相互评价及帮助。相较于教育者与受教育者之间的关系，作为同一年龄层级的受教育者个体之间更容易构建相对亲密的关系。基于相似的生活环境、共同的兴趣爱好，受教育者个体之间更易共情，部分心理状态出现波动的受教育者也更易向自己的同辈进行倾诉，因此，受教育者之间对于彼此心理健康及思想道德状态信息的获取相对于教育者更加方便。传统的评价体系很难将受教育者之间的信息数据纳入评价的数据库，而基于区块链技术，受教育者能够将数据接入区块，扩充评价的数据基础，提升评价的准确性。基于区块链技术的特征，受教育者个体对其他个体间接地具有了评价的权利，这种权利的拥有也将赋予个体之间相互教育的动力。受教育者个体能够通过区块网络获取信息，并且帮助处于困境的个体，这将提升现有的学生互助、自治效率，如以班委为单位的班级管理组织，同样作为受教育者群体，班委成员可以通过区块网络获取班级内部成员的信息动态，通过这些数据针对性地组织班会等受教育者群体活动，利用这种活动实现受教育者的自我教育。

利用区块链技术调动思想政治教育者及受教育者评价积极性，区块链与比特币密不可分，作为对数据记录的奖励，在区块链中"挖矿"的矿工能够获得一种虚拟奖励即比特币。作为自成一体的思想政治教育数据区块，可以根据算法创建特殊的虚拟货币，用于奖励主动接受思想政治教育，或者主动上传思想政治教育相关数据的受教育者。在受教育者完成相应的学习之后将获得知识货币。① 这将极大地调动受教育者学习的积极性。知识货币既可以用作成员内部的信息交流悬赏，也可以作为一种成就点数进行储存，知识货币的多少可以体现出拥有者对于区块内部信息交流的贡献大小。

媒介评价方式的变革。传统的结果式评价因为其数据收集的时间节点通常在每学期的期末考试、测验等，因此，对于受教育者思想状态水平的评价是以单一时间节点做出的，在受教育者动态的思想变化的过程中，滞后于真实的时间节点。传统的评价方法因其传统的数据收集方法而固有其弊端，因此，基于大数据技术的区块链技术，变革了传统的数据收集方

---

① 李青，张鑫. 区块链：以技术推动教育的开放和公信 [J]. 远程教育杂志，2017（1）：40.

法，基于区块链技术的全方面数据收集，使得思想政治教育引入伴随式评价具有实际可行性。要全面收集个体的数据，包括学习与生活两个方面。首先，数据收集得越丰富，可进行评价的时间节点越密集，最终将趋于无限，连贯地将受教育者的被评价时间节点串接成链，保证对受教育者的受教育水平进行及时的评价。其次，要通过链与链之间的联系，发挥伴随式评价面向受教育者未来发展的优势。虽然思想政治教育者个体无法一直陪伴受教育者个体，但是受教育者个体的数据链将记录其所有的信息，当受教育者接入新的区块时，其区块的思想政治教育工作者可以通过信息链与原数据区块进行比对，确认数据真实性后即可将受教育者的信息链纳入自己的数据中心，高效地完成思想政治教育信息的对接工作，伴随式评价将随之延续。伴随性评价体系是教与学相结合的评价体系，一方面吸收结果性评价、过程性评价的可取之处；另一方面发挥伴随性评价的独特优势。

绝对评价法与相对评价法。绝对评价法不考虑集合内部成员自身的差异，而以集合外部的一个客观标准作为评价的标准，把评价的对象以这一标准进行比对，通过评价对象达到标准的程度，完成评价，这即传统的以教为主的评价方法。在传统的结果式评价体系中，以考试为主体的绝对评价法作为唯一的评价指标，能够保证评价的相对客观。通过区块链技术能够提升绝对评价模式的评价效率，将客观标准建立算法输入区块主机中，繁杂的数据将从人力处理转为机器运算处理。这一方面能将思想政治教育者从大量重复的标准判断工作中解放出来，将工作重心转移到标准的制定上来；另一方面能够从大量的数据中收集反馈信息，帮助思想政治教育工作者制定更加客观的评价标准，保证这一评价方式的公平性。

相对评价法是将受教育者群体中的某一个体作为评价的基准，这一方法能够使受教育者个体在相互比较中发现自己的不足，通过这一评价方式，可以直观地反映出受教育者之间的差距，督促受教育者及时进行自我调整。

个体内差异评价法。个体内差异评价法不同于绝对评价法与相对评价法，并没有除评价对象自身以外的评价标准，这显然是从个体自身成长角度出发的一种评价方法，或者说是针对评价对象自身以学为主的评价方法。个体内差异评价法将受教育者个体现在的状况同其过去的状况进行比对，反映其自身状况的变化。在其他以知识掌握为目的的学科教育中，这种评价方法容易使评价对象自我满足，缺少评价对象之间的比较，容易降低评价信度。但是在思想政治教育学科中，思想道德及心理健康水平并不存在唯一正确的标准,因此,这一评价方法适宜引入思想政治教育评价体系中,并作为伴随性评价体系的主要评价方法。过去的个体内差异评价法,在应用过程中仍然需要具体的量化分数作为评价受教育者自身变化的依据,受教育者个体的进步与否仍然是通过考试进行检验,只是将比较的对象从其他个体转换为过去的自己。在大数据区块链技术引入之后,评价的媒介将发生质的改变,真正做到时刻把握个体的差异变化,通过受教育者个体自身的行为数据拟合函数,建立独特的数据方程,实现以个体为教育对象的精确教育模式,构建陪伴个体的伴随性评价体系。构建基于区块链技术的高校思想政治教育伴随性评价体系,不仅需要思想政治教育者从整体的角度出发,把握体系的运作机理,也需要受教育者对于伴随性评价体系的信任,为体系提供真实可靠的数据,还需要为体系服务的相关技术人员提供相应的技术支持。对于如何进一步完善高校思想政治教育伴随性评价体系,仍然需要从技术方面和理念层面进行更深入的研究。

思想政治教育与区块链技术的结合必然引发思想政治教育的变革,伴随式评价体系是变革的一种可能结果。传统的思想政治教育评价体系无法全面地对受教育者的思想道德水平进行评估,只有将区块链技术与伴随式评价体系相结合,一同引入思想政治教育中来,才能够对受教育者进行全面并精确的评价,才能快速收到准确的数据反馈,才能有针对性地制订教学方案,引导受教育者健康成长,塑造正确的人生观、世界观、价值观。

本章结语

思想政治教育大数据的好处在于其能够基于数据的大规模、多样性、即时性与准确性等特点提供有价值的结果。遵循学习分析方法论中的资料收集、数据储存、数据分析与数据应用等四大步骤,从学习环境、学习历程、教学历程、教学管理及教育效果等五大学习数据源中,提供有根据且有价值的学习辅助策略给学习者、教学改进策略给教师及管理决策给行政管理者。当前思想政治教育大数据的分析中包含了社会网络分析、内容分析、心理情绪分析、学情分析、认知能力分析、可视化分析报告与组织管理分析等七大思想政治教育大数据主题分析目的。在确立好分析目的后,思想政治教育大数据能够帮助我们搜集原本比较困难或无法收集到的思想政治教育相关数据,设计更完善的适性化学习,纳入更多面向未来改进教育及提供思想政治教育政策与管理主题更早期的预警与改进的建议。最终目的皆在于对思想政治教育界中各项议题的发现与改善,并实际应用到教育教学工作的真实情境中去不断印证与改进。当在思想政治教育体系中的每一个人都能够应用思想政治教育大数据来解决所面临的问题时,在此过程中适应与学习,本身也是一种"学习"客观世界的另一条新的途径。当人们能够充分了解自己所处的世界时,也就更能够帮助自己做出更适合的决定。

5 大学生思想政治教育大数据应用

在哲学领域中经常言道："因中有果，果中有因。"可是，因果相连性如果没有得到绝对理性的支持，那么这种因果论不足以令人信服。因此，须获得经验的证实。实证主义者看待大数据时，他们想知道大数据的整理结果是什么。到底大数据是否可以让我们知道世界，抑或者仅是观察世界的一种工具或是角度而已。西方一些学者认为大数据的好处在于改善人类对于现象的描写与预测，甚至可以清晰地掌握其中的因果关系。但一些学者也强调大数据应用层面问题。若未事先确定，大数据的研究者也可能是盲人摸象，有些地方过度代表，有些地方则完全遗漏。所谓"过犹不及"，亦是如此。① 还有的学者也一再强调大数据应用代表性问题，亦即已观察到的数据如何代表尚未观察到的事物，数据本身若无代表性，数据再怎么极大化也于事无补，因为它无法整体代表调查对象概况。② 即所谓"大而无当"，因而产生的大数据可能有失真的情况。不过，大数据的研究者毕竟要谨守大数据的某些限制，在某些限制规则下做出某种程度的有限制的结论。追溯学者们以往前沿性有突出价值的研究后，可以总结出大学生思想政治教育大数据应用领必须具备的三个必要性条件：因果性问题、代表性问题与诠释性问题。因此，本研究将遵循大学生思想政治教育大数据应用领域必须具备的三个必要性条件要求，认为当代大学生思想政治教育大数据应用领域具体方面应从应用主体、应用的数字化学习平台与应用的课程改革建设方面进行开展建设。

---

① Xin Zhang. Philipp Koehn：statistical machine translation［J］. *Applied Linguistics*，2016（3）：370.

② Qin Xu. Item-based foreign language learning of give ditransitiveconstructions：Evidence from corpus research system［J］. *Computers & Education*，2018（2）：1499.

5.1　大学生思想政治教育大数据的应用主体

大学生思想政治教育大数据的应用也是一种通过将庞大的思政教育数据经由数字化思政教育平台、分析方法与信息交互科技三种面向相互交织影响后产出结果，随着时间演化推进，各个面向思想政治教育学习者的应用也越来越成熟，所得到的产出数据也会越来越多元与可靠。以下本研究将以思想政治教育学习者与思想政治教育教学工作者两类角色主体分类，来对大学生思想政治教育大数据的应用进行诠释与解读，通过本部分研究的内容来呈现大学生思想政治教育大数据的应用现状与潜质。

5.1.1　大学生思想政治教育大数据面向学习者的应用

大学生思想政治教育大数据面向学习者方面的应用，从学习过程与学习设定程序步骤方面可以提出初步的分类，包含学习历程、学习成效、学习预警、课程学习完成后思想动态发展等面向。其中大数据分析方法可大致分为精简判断模式和机器学习模式，前者是利用出席、作业、练习题及章节考试等评断学生学习成效，并搭配教学者或专家的判断来建立先期预警分数的基准；后者是目前多数大学生思想政治教育大数据研究所使用的方式，以学习者所累积的各种学习历程数据，搭配机器学习领域中各式算法来建立个别学习者或某一类型学习者的学习预测模型。更进一步，从学习的过程来看大学生思想政治教育大数据可以提供的帮助，则可以细化分为学习内容与学习行为两个方面。在学习内容方面，本研究以中国本科MOOC、超星平台等，各高校已经开设的大学生思政必修课、选修课与各种通识教育课程或专业课中的"课程思政"为研究样本，各种课程上线学习平台的应用，保障了学习者拥有更多的学习方法与工具。其中一种方式是以个性化搜索引擎为基础，进一步过滤其中较为笼统的概念课程，并提炼出较为精准化搜索性课程。中国本科MOOC平台则是基于此方式发展出来的学习平台系统，能提供学习者以自己个人喜好与需要为原则、搭配不同关键词课程词根，或不同课程词性标签方式进行思政课或课程思政方面学习的搜寻，进而协助学习者的个性化学习需要定制与要求，后续也有针对大学生思想政治教育的研究发展出一套EX-head系统。以CiteSeer考试搜寻引擎收录的160万份思想政治教育方面试卷库（内含约2 000万个题目）为大数据来源，大学生思想政治教育考试试题库利用2 000万个题目进行随机组合可以组合成中 46 000 万份试卷，通过庞大的考试试题库可以挖掘出学习者在学习相关的章节和重难点方面出现的疑惑或不足，用于预测一般学习者的下一步学习计划，并通过采集大量考试出现错误的试题特性，提供相应的面向更多学习者的正确的修改建议，来协助学生克服在学习思想政治理论课方面的难题。在尚未应用这些平台或是数据库的大数据时，学习者必须自行以学习课本、复习课后练习、询问教师或是专家等方式来提高自己学习知识或是认知方面的能力，虽然最终目标都是增进思想政治教学的学习能力，但是透过思想政治教育大数据的应用能够让学习过程以更有效率的方式来达成学习目标。

在学习者学习行为方面，近期常见的研究方向为即时侦测学习者在学习进行时的生理信息，进而找出与学习相关的行为特征，并给予对应的学习辅助。生物通信科技的工艺持续进步，使得许多以往的大型生理信息监控设备也得以小型化为穿戴式装置，比方说以脑机接口（brain-computer interface, BI）为例，其为利用脑波（brainwave）进行人机界面沟通的研究领域。由于人类的脑部是由许多神经元（neuron）所组成的，因此，不论何时人类的脑部都会不断进行运作活动。当人们进行思考等其他需要大量大脑活动的行为时，位于脑部的神经元会大量放电，而外在环境也会影响大脑的活动。利用仪器可以侦测大脑放电所产生的电器性的振动，并分析为脑波图（electroencephalogram, EEG）。而不同程度、类型的大脑活动，所释放出的脑波形式也不尽相同。脑机接口的进行方式可分为嵌入式（invasive）与非嵌入式（non-invasive），嵌入式的脑波侦测是将电极直接植入脑部，由于直接与人体内部接触，因此，运用此种方式获得的脑波信号最佳，但嵌入式脑波侦测容易引发人体的免疫反应，所以容易使受测者产生不舒适感。非嵌入式侦测为利用数量不等的电极贴片，贴于受测者的大脑表面进行脑波的侦测。非嵌入式侦测方式虽然较不会引发受测者的不适，但由于人类头骨会使脑波信号大量衰减，因此，早期的非嵌入式侦测，须使用大量导电胶与要求受测者将头发剃除才能进行脑波的监测。[①] NeuroSky 科技公司于 2018 年发明了一款非嵌入式的脑波侦测设备（Mindwave Mobile），特色为轻巧及方便携带，也能够以较经济的方式将脑电波侦测结合至思想政治教育应用中。此设备通过感应电极与人脑的前

---

① 朱洁，罗华霖. 大数据架构详解：从数据获取到深度学习［M］. 北京：电子工业出版社，2016：87.

额叶接触，进行脑电波信号的侦测，并可获得 Alpha、Beta-Gamma-Delta 及 Theta 等信号。经过证实，此设备测得的脑电波信号与专业仪器所侦测的信号，经快速傅立叶分析算法转换（Fast Fourier Transform，FFT）后的波形有 96% 的相似度。科技提供专利的 eSense™ 算法运算结果，将使用者的脑电波信号转换为 eSense™ 指数，分别为专注度（attention）与放松度（meditation）。两种参数值的范围从 1 到 100，但 eSense™ 指数并非为绝对值，而是使用者个人的相对值。根据 NeuroSky 科技公司的发表研究数据说明，参数值处于 20 到 40 之间，代表使用者此时的专注度或放松度水平处于较低的区域；参数值处于 40 和 60 之间，则代表处于中间平均的范围；参数值处于 60 至 80 之间，表示此时高于正常平均标准。经过研究证实，eSense™ 专注度测得的数值与个人心里的感受呈现正向的相关性，而受测者在压力大时，其放松度也会显著降低。[①] 不同形式的脑电波，与人们进行何种思考、处于何种状态之间有相关性，这些相关性透露出以脑电波为主的新型人机界面的沟通潜质。在思想政治教育的研究部分，NeuroSky 科技公司脑电波侦测设备于 2014 年开始在美国多所大学中开展大学生关于公民教育的实验，收集学习者于多媒体教材学习过程的 Alpha/Thetaa 脑电波频段之比值，通过 NeuroSky 科技公司发表论文文献，可以证实其 Alpha/Theta 与大脑工作负荷（brain workload）有关联基础，以初探在进行不同学习任务时，此 Alpha/Theta 比值与自觉认知负荷关系。结果虽证实学习任务对学习者自觉认知负荷有统计上之显著差异，但与脑电波数值之间的关系仍需使用其他脑波数值转换方式来进行分析。此一结果也显示出大量的脑波数据必须采用新的数据分析方式，才能够提供具有实务应用的建议与结论。[②] 相较于以往学习者必须自主发现自己的学习障碍问题，接着自己还要能够找寻到适当的学习辅助，将这些大量的生理信息整合至学习过程中，来预测学习者行为模式，通过学习系统来给予适合每一位学习者个体差异的学习辅助，也是有了思想政治教育大数据后才能做到的更为细致的个性化学习。

大学生思想政治教育大数据技术的应用可以将以上各个学习过程中所获取的信息与辅助学习者学习的各个面向，结合大学生思想政治教育大数

---

① Osbom Maimon，Dawn Braha & Vincent • A. Seth neural network approach for a robot task sequencing problem [J]. *Artificial Intelligence in Engineering*，2017（2）：180.

② McEnery，A. M. & Wilson，A. Corpus linguistics：an introduction [M]. Edinburgh：Edinburgh University Press，2018：78.

据的分析应用于学习现场（例如实体教室）时，便能有系统地整合各项学习数据，为学习者提供更完整的学习过程记录并适配每一位学习者个体差异的适性化学习方案。举例说明，华中师范大学马克思主义学院牵头研制开发的大学生思想政治教育大数据项目，便是在一间实体教室中布设数据收集器，并借由即时回馈系统（instant response system，IRS）、内置学习系统之平板电脑及整合校方 e-Campus 数据库，能够做到记录每一位学习者的学习信息。通过对同一位学习者的大量跨时间之不同类型数据的分析，来实现专为每一位学习者提供的课堂学习问题之回答率与即时回馈状况、答对率、测验成绩与点名记录等。有了这些大量的学习者学习资料后，系统便能够每日分析并呈现每一位学习者的课堂综合表现及其与学习成效之间的关系，以 i-Signal 可视化灯号显示简明扼要地呈现给学习者截至目前的学习状态，并提供学习者辅助或寻求协助的管道。上述这些例子亦是学习者在有了教育大数据后，得以运用创新学习科技于学习活动进行的前、中、后三个阶段，来搜集学习者完整的学习活动记录。接着透过建置学习者学习表现数据仓储系统，运用学习者在学习过程中的学习表现，进行更早期的学习状况预警与学习成效指标分析。在学习者端则搭配引入即时回馈系统（例如 Kahoot、中国大学 MOOC 的慕课堂及超星平台的星课堂等）与学习管理系统（例如 Moodle、中国大学 MOOC、超星、智慧树等），来将学习过程信息分析过的结果呈现给学习者用以强化学习的建议。

综上所述，这些与学习者相关的思想政治教育大数据应用实例，其共通点都是应用思想政治教育大数据与教育学习科技创新来将完整的学习过程数据化，学习过程中能够记录的信息也更加完整。有了完整学习过程的数字数据后，思想政治教育的教育者与工作者便可以从中汲取出对于每一位学习者需要怎样学习辅助的数据，再将数据分析结果实际应用到每一位学习者的学习中，进而协助他们克服学习障碍，提升他们对于学习内容的理解与学习表现。

5.1.2　大学生思想政治教育大数据面向教育工作者的应用

除了思想政治教育的学习者以外，思想政治教育大数据在思想政治教育的教学工作者的方面也能够协助改善教学工作者对于授课前教学设计、全班学习活动带领、个别学习者引导与班级气氛管理、课下学生思想政治工作等问题。我国思想政治教育大数据方面的有关研究专家认为，思想政治教育大数据的系统给教学工作者的协助可以简略分为教学推荐与决策模块、教学分析模块、管理与呈现模块、教学数据过滤与整理模块、教学数据分析平台等。具体应用于教学过程中主要有思政课程设计发展、思政课创新课程设计及学生思想政治工作辅导机制等。

在课程设计与发展中,思想政治教育大数据可以做到,将思想政治教育教学工作者同本校或其他学校的相似思政课程纳入分析的数据源,加以改善课程整体与部分的设计。第一,找出当课程结束后,不同教学方式与策略对于学习者学习成效优劣的影响,进一步将自己的课程及修课生的特性与思想政治教育教学大数据做比对,从分析结果中找出成效良好的教学策略,并应用到教学者自己的课程中。第二,同样的方式也可以提供教学者另一种教学的参考,提供教学者其他成功创新教学示例,教学工作者可以直接通过采用分析结果后来改善自己新课程的教学策略与方法,或是结合自身教学经验进一步发展出适合自身教学风格的创新课程设计。第三,可以通过教育思想政治教育教学大数据分析结果,来帮助教学工作者发展与改进学生辅导机制,目前最常用于辅助教学工作者的方法是在教学系统上以学情仪表板(dashboard)的方式让教学者知道每一位学习者的学习状况,除了让教学工作者可以快速了解到哪些学习者遇到了学习障碍外,能更细致地区别出每一位学习者遭遇的学习障碍类型与原因,进一步能够让教学工作者对不同学习者所需要的学习辅助有更具体的了解。对于教学者来说,以往若是想收集学生对课程与教学设计的回馈反应,一般只能通过作业、出缺席率、课堂参与度、课程实践报告书或期中、期末考试等方面进行分析与揣测,这些小量数据从一定程度上可以帮助思想政治教育的教学工作者判断自己的课程与教学设计应该如何做改进。但这些回馈指标的收集方式除了无法获悉正确程度外,更无法确保已经收集到足够且完整的数据,此外,这些数据往往仅靠思想政治教育教学工作者自己的经验或判断来解释,科学性难免有待加强。[①] 但有了思想政治教育大数据后,除了确保数据数量比以往大得多外,更由于其收集数据的来源更加完整,也纳入了以往收集不易或无法收集的数据,因此,数据细节层次也更加提高,通过系统化的分析方法论,产生出来的分析结果可以帮助思想政治教育者更有信心且更准确地做出课程与教学设计的改善方案。

---

① Cecily Clavel, Zebulon Callejas. Sentiment analysis: from opinion mining to huran-agent interaction [J]. *IEEE Transactions on Affective Computing*, 2017 (1): 85.

5.2 大学生思想政治教育大数据应用平台

　　近几年大量出现关于思想政治教育线上学习的数字化学习平台，展现了思想政治教育大数据平台的应用表现。不少思想政治教育专家的研究指出，数字化学习与学习者表现之间存在正向关系，电脑辅助评量有效提高了学生在思政课学习方面的表现。他们开放一套在线学习系统让学生自由使用，将该学习系统作为课程后的练习，帮助学生了解测试形式及学习内容。不少研究指出，数字化学习系统立即性的回馈能提升学习成效，学生完成练习后，能立刻知道自己未掌握或是需要加强的部分，有效改善其学习表现。此外，建立与设置个人化的学习平台、观察学生在网站的浏览记录及学生的学习习惯等，比对分析后推荐学生可能感兴趣的内容，能够大幅度提升学习者的学习效果。该系统包括两个模块：一个为学生个人信息，另一个为课程内容。因此，在符合思政课教学大纲的大原则下，数字化学习系统能依据每个学生的需求，推荐客制化的课程内容，其原理与购物网站或视听娱乐平台中的推荐功能相似。

　　根据前人的研究不难发现，思想政治教育大数据应用是随着大数据技术应用与发展而同时发展的。传统的书面考试和作业等评量方式，虽然为教师与学生提供了必要的反馈，但这时课程往往已进行到一定的程度，无法即时有效地解决一些问题，像是教师要如何有效追踪学习者的进度？如何评价新的教学策略的影响？首先，网络商业模式使用的 RSS（Really Simple Syndication，简易信息聚会）系统，确实启发了不少数字化学习平台的发展。RSS 系统的主要功能在于预先选择使用者可能感兴趣的产品，并推荐给顾客，提供消费者信息以帮助消费者做决定。而后，美国可汗学院开始对 RSS 系统中的 R-Protus 进行创新，创造符合学习者个人特色的学习平台，该系统的主要目的在于推荐符合学习者背景、兴趣、学习目标等有趣又实用的教材，以达到因材施教的目的。他们的研究介绍了系统的推荐功能，主要包括识别不同学习者的学习类型、习惯；基于学习者的学习类型，将相同模式的学习者分成小组；依据常出现的频率，制作推荐清单，即符合学习者需求，且能被学习者高度接受的推荐清单。世界慕课平台在美国可汗学院研究基础上，首先在数字化学习系统中建立出不同的学习者类型。在学习者开始使用的时候，系统便能依据学习者填答的数据，除了判断学习者类型外，也根据学习类型将学习者分成小组，计算并推荐课程内容。学习者有控制权,可以调整学习内容的安排,而每一课结束后,系统将测试学习者对内容的掌握。除了探讨数字化学习平台与学习者表现之间的关系外,学习过程中的反馈意见也一直被视为数字化学习的一个重要环节。然而,反馈意见包括了正面的意见反馈和负面的意见反馈,也就是说,如果负面的反馈意见是针对学习者的最终成绩、结果表现,而缺少了对学习策略、方法等的指导与校正,那么学习者要如何达成理想中的结果将更具挑战性。因此,出现了一套借鉴交通灯为概念的学习评量系统 E-Signals,以交通灯信号图标红灯、黄灯及绿灯给予学习者图像式回馈,即红灯表示极可能无法顺利完成该课程;黄灯表示有相当的可能性无法通过课程;绿灯表示顺利完成的可能性高。但在教学实践中,很多研究者对 E-Signals 系统的意见回馈功能,提出了一些不同的看法。他们认为,此系统可以协助教师在课堂评价之后,为更大多数的学习者提供频繁、精细的学习成果预测反馈。该研究指出,不少教师认为个人评语的适当性、适切性、适时性等存在深入性可能。这些教师担心太早给予正面的回馈会让学习者认为好的作业表现等于好的成绩,或是太早给予负面回馈让学生感到挫败、对课程更没有信心。其中,红组与黄组接收到的反馈较少,而反馈则较绿组来得多。此外,研究结果显示,无论是哪一种形式的反馈内容,都跟学习者最后成功与否没有关系。而在负面回馈的部分,很多教学者发现并指出,黄组最常收到未达高标准的回馈,红组则是未达最低标准,绿组则没有收到任何负面回馈。因此,虽然系统能产生更好的学习经验,教师们仍着重于传统教学经验的判断。由此,进一步探讨教师需要精细化的回馈内容变得十分重要了。大部分教学者也发现,学习评量系统 E-Signals 能够帮助大部分教师意识到以表现或结果为导向回馈的重要性,但也同时发现教师对于平台传送信息及回馈功能并不十分了解,因为他们发现有的教师将系统回馈视为沟通平台,传送像是学习任务布置信息,而非对学习表现的回馈。

思想政治教育方面,近些年来,有不少研究从多面项分析了数字化学习平台及学习者表现之间的关系,其中,除了常见的数字化学习平台外,还包括学习者在实况视频平台在线互动的分析研究。例如,学习者在线上慕课视频平台的学习表现,研究问题包括学习者在线上提问的主题,以及如何利用这些主题预测学习者的课程成绩。该研究分析了学习者的登录次数及参与过程中的大数据,与教师的聊天信息及提问问题的次数及学习者的最后成绩。令人意外的是,经过多年大数据跟踪研究,最后结果显示学习者的提问数量、聊天信息、登录次数和学生的学习成效没有显著必然关联性。而后，思想政治教育者则利用应用平台开始以思政课远程视频直播教学学生为对象，探讨网络学习工具、学习者动机、学习者参与及期末考试表现之间的关系。由于是直播形式，因此，学生在很大程度上提高了参与度与关注度，有助于促进对不同类型学习者的参与及网络学习工具的交互理解，且将有助于思想政治教育大数据的发展。而后，研究者发现学习者在学术上的学习动机越高，则参与度越高，且网络学习工具的应用也更频繁。研究结果证实了该研究的假设，即个人学习动机越高，参与度越高，两者之间有显著关联。然而，学习动机与思想政治教育大数据应用工具的使用两者的关系也是值得重视的一个因素。举例为证，使用聊天室功能的学习者，即使在其他人看不见或听不见他们的情况下，仍能听见或看见其他人的对话内容，让他们仍有参与讨论的感觉。这个结果影响研究的另一个假设，即参与度越高，使用的学习工具越多，听到、看到其他人的信息满足了学习者的参与性学习要求，由此可见，学习动机高的学习者，使用网络学习工具的频率一定会很高。最后，本研究认为学习动机越高的学习者，其在期末考试的表现越好，且学习工具的使用与期末成绩表现有显著正比关系。

除了上述有关思想政治教育大数据数字化学习平台使用与学习者成绩表现的讨论外，还有一些平台中的功能因素值得关注。例如，学习者的网络活动活跃度、学习参与度与学业成绩的关系，并如何理解三者具有显著关系的设定。一般认为思想政治教育大数据回归模型为课程提供了最佳的预测结果，主要的关键变量（variables）包括讨论信息、电子邮件及所完成的测试评价的数量。同时，借数字化学习平台课程的讨论分析，观察学习者学习小组的发展，像是识别不活跃的学习者、学习者与学习者之间的沟通模式，以及教师在小组讨论中扮演的角色等。因此，积极参与课程，且与同学讨论的学习者，最后的成绩相对较高。由此可见，利用思想政治教育大数据数字化学习平台，其主要价值在于能快速检测出课程参与度低的学习者，让教师能及早发现并给予适当的教学建议。同样是利用思想政治教育大数据数字化学习平台观察学习者的学习表现，也可以精准化学习成果的评量标准，用适性化测试的方式评量学习者的学习表现。

最后，思想政治教育大数据数字化学习平台的应用与发展，其主要目的是采集数据，最终教育策略是基于大数据分析，因此，思想政治教育大数据数字化学习平台的数据库智能化发展至关重要，数据库智能化可以自动侦测学生隐含情绪及学习心理特质的特征指标,将更加有效地得出准确的个性化教学方案与策略,这是未来思想政治教育大数据数字化学习平台的发展方向。

5.3 大学生思想政治教育大数据应用思政慕课

近年来,关于思政慕课在教学应用成效方面的探讨随着大数据时代的来临逐步深入从理论到实践的诸多方面,随着大数据在衔接思想政治教育主客体关系和传播主流价值观及意识形态方面的作用愈发突出,作为推动微时代快速发展的"隐形"生力军,高校学生已成为大数据时代的发言人和信息传播源的潜力代表。因此,针对传播效果理论,剖析现代思想政治教育思政慕课教学的价值创新点,挖掘思想政治教育的信息传播模式和价值观念、培育的新方法,是提高传播效率和完善教学体制建设的重要问题。大数据时代的逐步渗透是新时期思想政治教育无法忽视的特殊环境,作为大数据时代的产物,思政慕课的应运而生不仅是信息技术迅猛发展的结果,更是新型教育模式顺应教学改革潮流,率先突破传统教学模式弊端的一次创造性尝试,在思想政治教育课程中应用思政慕课也是思想政治教育专业改革的主要趋势。以下选取新媒体传播效果理论的视角,从大数据对思想政治教育的影响入手,根据思政慕课的特点,分析新媒体传播效果理论与大数据思想政治教育思政慕课的内在联系,以期借助大数据技术进一步增强思想政治教育思政慕课的教学效果与使用效率,为提高高校思想政治教育的有效性提供新的思路和启发。

5.3.1 大数据对思想政治教育慕课的影响

改良传统的教育模式,为思想政治教育活动提供强大的数据支撑。大数据,顾名思义就是以数据为基础,分析和解决问题的一项新型信息处理工具,是集大量、高速、多样、价值、特点于一体的信息资产,它不仅是数据化社会的产物,而且彰显着时代发展进步的烙印,直接影响了人们思维方式的变革。从最初室内课堂教学的师生面对面交流的教学形式,到翻转课堂的广泛应用及慕课的大力推广,教育模式的与时俱进不仅是时代变革的一次巨大创新,更是改良整个传统教育界的重要突破。在一切以数据为基准,用数据说话的前提下,思想政治教育工作者可通过数据监测后台监控数据随时跟进学习者的学习进度,有针对性地获取受众的反馈信息和使用情况，并以此作为改善教学内容、调整传播方式的评判标准与依据，达到提高传播效率和及时沟通反馈的目的。①

变革思想政治教育课程结构，创新思想政治教育活动研究范式。定性研究与定量研究结合是思想政治教育乃至社会科学研究的重要方法。由于人文学科有其特殊性，因此，传统思想政治教育课程往往从理论层面的定性研究出发，以提出问题、分析问题、解决问题三大步骤的标准范式为主，以建构数据模型、数据调查统计、数据分析的量化研究为辅，循序渐进地依据思想政治教育学科的特质设定课程，忽视对受教育者行为反应的个性化设置。而大数据的崛起使定量研究重新进入公众视野，人们自身的情感、思维，包括周遭事物都可以通过大数据来量化。② 因此，无论是在专业的学术研究领域，还是针对课程内容设置及形式的整合优化，量化研究的地位提升将会引起整个思想政治教育界对研究方法的再次审视，催生全新课程的出现，进一步推进思想政治教育研究范式的创新。

培养大学生正确的社会主义观念，优化对大学生思想的教育环境。作为思想政治教育受众面最广的群体，大学生对大数据与思想政治教育关系的认识一直是学界关注的重点。对于习惯用现象分析和观察判断方法看待社会事物的大学生而言，实现群体性意识的转型与重塑无疑是前所未有的一次挑战，尤其在大力倡导社会主义核心价值观的时代背景下，大数据对大学生理性看待思想政治教育，提高对思想政治教育课程的重视程度，学会自觉审视人生、培养自我反思与实事求是独立判断的能力具有重要意义，而如何扭转他们对大数据既有的认识态度，锻炼从客观理性层面出发的意识和思考方式是使大数据本质特征深入人心，巩固其影响力的关键。③

催生新型媒介，提高思想政治教育活动的针对性和有效性。不同于以往接受思想政治教育的单一途径，如今多样化的信息获取渠道和畅通无阻的沟通反馈方式使得新媒介连接传播者和受众关系的作用日益凸显，大量针对用户不同需求层次的新媒介不仅在一定程度上打破了传播工具的界限，同时也破除了信息传递和接收的时间和空间限制，而大数据针对不同受众群体进行个性化定制的独特性，以受众行为作为传播的出发点和落脚

---

① 陈红莲. 网络传播环境下传播理论与高校思想政治教育的契合 [J]. 新闻知识, 2012 (2): 44.
② 胡树祥, 谢玉进. 大数据时代的网络思想政治教育 [J]. 思想教育研究, 2013 (6): 62.
③ 梁家峰, 亓振华. 适应与创新: 大数据时代的高校思想政治教育工作 [J]. 思想教育研究, 2013 (6): 65.

点也在一定程度上提高了思想政治教育活动的针对性。

5.3.2 大数据背景下思想政治教育慕课与新媒介传播效果的关系

直视化效果显著，强调自主性和针对性。对于以微视频、微电影为主要表现形式的思政慕课而言，它最为显著的特点无疑在它的"微"上。思政慕课的短小精湛不仅使课程内容更为直观简单，表达形式直截了当，而且对于紧密结合知识点与疑难点，强化知识复习和查漏补缺作用更为突出，这就促使以"五分钟注意力"为特质的思政慕课直接成为传统课堂精华部分的现实缩影。同时，由于学生自主学习平台建立的需要，简明扼要的标题解读、章节概括等讲解内容也在一定程度上缓解了受众由于年龄层次、知识结构及教育背景的差异而逐渐产生"数字鸿沟"和知识储备两极分化扩大的趋势，在实现教育机会公平、畅通传授互动过程渠道、满足不同群体的沟通交流方面具有显著效果。

互补性突出，有的放矢的趣味性和认同度。倘若把传统课堂看作以教育者为主导的基础教学模式，那么思政慕课则是全方位为学习者量身定做、突出互补、强调反馈和完善的新型授课方式。无论是在何种情境下，思政慕课的主题选定与内容设置都是围绕学习者，结合某个特定时期内思想政治教育领域前沿热点问题展开的最新探讨。作为购买和使用电子产品的最大用户群，年轻人对客户端等移动设备的热衷无形中为思政慕课在不同载体传播和流通提供了丰富的契机，在包罗万象的网络世界里，相较于传统且单一的课程教学形式，对思政慕课的推广也与当今被广泛认同和提倡的寓教于乐的教学方式如出一辙，更能引起年轻人的兴趣，产生眼球效应。教育者选取有话题性或能引起公众共鸣和广泛讨论的议题设置课程，学习者通过观看视频，针对性地获取有价值的信息，从而弥补他们未能在传统课堂全面理解知识点的遗憾。因此，大数据为教育者提炼和及时获悉受众需求提供了专业且准确的服务平台，进而随着视频的更新和优化不断调整和改善传播内容，有的放矢地满足了传播过程信息对称的需要。[①]

麦克卢汉提出"媒介即讯息"，其内涵在于媒介技术的更新与变革对人类的传播行为会产生重大影响，也会促进传统传播理论的发展与演进。大数

---

① 吴婵. 关于微课对优化高校教学效果的思考［J］. 科教导刊（中旬刊），2013（10）：18.

据的渗透不仅仅是科技的飞跃，它对传播效果理论的变迁也将产生重要作用。在新媒介工具层出不穷的教育环境下，学习者普遍由"被动接受信息"向"主动获取信息"转化，尽管大数据的发展劲头势不可挡，在潜移默化地改变人们生活方式和加快产品更新换代的同时也伴随着一系列社会问题和舆论争议的出现，其中对在校大学生思想政治教育的冲击显得尤为突出。教育者应根据学习者的需求和主流时事热点设置议题，将自主学习平台的核心优势发挥到最大化，充分满足学习者在思想政治教育思政慕课学习互动过程的心理体验和实际需要，倾听不同学习群体的声音和内心的诉求，将尽可能促进所有学习者的成长和发展作为思想政治教育思政慕课教学的重要使命，才能达到潜移默化地培养合格的社会主义接班人的最终目的。

5.3.3　大数据时代下思想政治教育慕课教学设计

　　传播效果理论涵盖了议程设置功能、使用与满足、沉默的螺旋及培养理论等。在日益开放的数据思潮和新媒介盛行的双重影响下，思想政治教育思政慕课教学设计也呈现多样化的发展趋势。

　　5.3.3.1　大数据时代下思想政治教育思政慕课教学具备"议程设置功能"

　　议程设置功能理论认为传媒通过在公共领域提供议题的方式来影响公众对事务的认知和事态发展的判断，从而凭借对某一件事进行重点报道和传播来突出其重要程度。在传统的媒介环境下，受众只能根据媒介所提供的信息，被动地寻找自己所感兴趣的部分内容，没有获取信息的主动权，对事情的认知程度只能通过媒体的报道有限地进行判断。而在大数据时代的思政慕课教学中，基于对数据的吸收、储存、分析、应用的判断，将数据进行全面整合，所诞生的新结论会促使思政慕课的议题设置主体由教育者潜在地转向学习者，学习者通过最先接触视频的"意见领袖"对此思政慕课形成的最初印象判断信息的重要性，掌握设置话题的权利，教育者根据数据的具体反馈，针对学习者的需求和口味，调整课程内容或视频外观等。如将大数据运用到极致的新浪微博，教育者"大V"用户将思政慕课视频作为个人动态发布在网络上，之后此动态的累积转发量、评论数量及点赞数量就是评判此思政慕课教学效果的直接证据，而这些数据与思政慕课的关注程度和在受众群体中的反映呈正相关。此外，学习者还可随意发起话题及与他人的互动讨论，从而在此基础上引出新的话题。因此，"大V"教育者根据此思政慕课的讨论热度等统计数据，更加迎合用户的需求和口味，或在课程中穿插最新流行趋势和近期关注的热点，扩大思政慕课的受众面及传播范围。①

大数据背景下的议程设置由于极具时效性、持续时间短、状态不稳定等特点被定性为新媒体的弊端，但是就目前思想政治教育的慕课教学模式而言，作为密切接触微博、微信等自媒体的年轻群体，大学生是议程设置萌芽的活力之源，传统教学模式自身的限制使他们只能被动地接受知识，无法参与主动传播知识的过程，而思政慕课为大学生参与话题设置和知识热点的亲身传播提供了开放性的互动平台，不仅迎合了新媒体特点和年轻群体在大数据时代逐渐占主要地位的趋势，也是议程设置议题年轻化强有力的佐证和标志。因此，思想政治教育慕课教学须在进一步弘扬主旋律和主流思潮的前提下，通过议程设置的方式加强对学习者先进观念和主流话语的有效引导，适当穿插正能量的先进文化，及时观察、监测他们对话题的关注度和讨论情况，根据最终反馈情况充分考虑学习者对新文化的满足和体验，使慕课成为大数据时代下自主学习的新平台，达到宣传主流文化和实现良好传播效果的目的，满足思想政治教育的时代性要求。

5.3.3.2 大数据时代下思想政治教育慕课教学着重"使用与满足"需要

使用与满足理论另辟蹊径，从受众角度出发，把受众成员看作有着特定需求的个人，把他们的媒介接触活动看作基于特定的需求动机来使用媒介，从而使这些需求得到满足的过程。在传统的课程教学中，学习者未能根据自身的实际需要自由地对信息进行筛选和把关控制，这种缺乏主动性和自我反省意识薄弱的心理状态是教学要求的施压和既定教育环境共同作用的结果，无法满足学习者对传授内容的渴求和向往，也未遵循他们学习思想政治教育的原本意愿及教育者的教学初衷。而在新媒介环境下，受众的行为动机往往与求知心理、消遣娱乐、交流、自我表现和宣泄等心理动机密切相关，网络传播独有的身体缺场和匿名性为受众在网上寻求现实生活无法满足自身的需要提供了场所，因此，在公共空间和开放的现实平台上畅所欲言、自由表达，寻觅情感维系和联系交友等也随着多元文化逐渐兴起，并刺激了大量客户端软件的出现。一方面，学习者可通过在视频终端进行留言、评论、点赞的方式实现与教育者的交流，也可主动根据实际

---

① 孙忠良，王飞霞. 高校思想政治理论课"微课"教学模式的研究与应用[J]. 思想政治课研究，2014（6）：37.

的知识储备需要，挑选感兴趣的内容部分进行自主学习，这种自觉的学习方式不仅极大地调动了学习者的积极性，也在一定程度上减少了信息重复叠加的冗余和混乱，提高了知识传播的效率和针对性。另一方面，教育者通过视频播出后网友在后台的反应可随时查阅观看人数、评论内容、转发量等数据内容，获取一切与该思政慕课传播效果相关的具体信息。①

在目前的思想政治教育慕课教学过程中，尽管传授双方的互动性借用数据实时反馈得到了明显改善，基本的传授程序仍未发生改变，大多仍停留在仅仅将思政慕课作为授课形式，而没有充分利用大数据模型构建多样化的数据库，以深入挖掘媒介载体优势的阶段，对学习者的认识度只凭借简单的课后反馈或留言回复，处在浅薄的了解层面，除此之外，几乎再无其他任何形式的互动，学习者仅仅充当了知识的接收者和储存者的角色，教育工作者只是在形式上调动了受教育对象参与传授互动的意愿，没有彻底根据受众的动机按需制定符合受众习惯等主体行为特点的知识内容，并且随着时间的推移，传播过程主客体关系的变化、数据滞留、交替缓慢等问题出现，这种实际仍是教育者主导的传播模式在一定程度上容易导致学习者主体性意识的缺失和传播效率的下降，不利于传播效果的及时反馈和信息的定时更新。同时，学习者参与性意识的落后也会使其对知识等其他信息的需求减弱，长此以往不利于思想政治教育慕课教学进一步的改进和完善。因此，目前的思想政治教育慕课教学除了及时追踪受众动机以维持传播过程的稳定和流畅外，还须尊重受教育者的知情权，充分发挥网络时代的技术优势，利用大数据构建专门的用户数据库，及时跟进分析、制定应对措施，增添多样化的互动性设置，如消息推送、更新提示、课程内容解析、名师介绍、笔记记录等服务型功能，在主题新颖、时代气息浓厚且趣味性强的前提下满足受教育对象对求实、求真、求新、求快和求易的信息要求，让他们在体验网上课堂和对知识获取的过程中更深入地加入大数据和思想政治教育的大环境中来，畅通用户实现创造力和发掘自身潜力的渠道，争取实现传授双方地位的平等。②

5.3.3.3 大数据时代下思想政治教育慕课教学着重避免"沉默的螺旋"现象

德国学者诺依曼提出的"沉默的螺旋"假说认为社会舆论的形成与

---

① 韩谦.高校思想政治理论教育中的"微课"运用探讨［J］.亚太教育，2015（25）：95.
② 陈华.高校思想政治理论课教学中微课的开发与应用［J］.黑河学刊，2015（9）：111.

传媒存在密切联系，媒体通过传播内容营造的拟态环境代表了大多数公众的意见，而其他一部分群体为避免受到社会孤立和排斥而隐没自己不同的意见，使得"优势意见大声疾呼而隐藏的意见渐渐埋没"的趋向愈演愈烈，因此，传媒通过这种隐性方式暗中引导社会舆论的方向。作为走在时代最前沿的大数据，面临知识结构、年龄层次、学历背景、兴趣习惯等因素导致的多维度差异，无法短期内在人群中广为扩散和普及，科技工作者、高学历从业者、热门尖端领域的白领、上流社会人士往往会优先于普通老百姓掌握行业的最新动态和时局的最新变化，这种信息接收的延迟和传播的时间差会加剧社会阶层的分化，不利于大数据的全面深入和进一步应用。因此，在大数据大环境尚未健全的情形下，思政慕课视频的互动模块也仅仅是大多数意见形成和扩散的温床，教育者能针对呼声最高的留言信息或参与人数最多的讨论热点及时做出反应，但无法顾及和仔细参考群体中所有人的看法，被优势意见埋没的少数意见在"沉默的螺旋"影响下只能跟随社会发展的趋势随波逐流，听从业已形成的舆论导向选择人云亦云。尽管网络的开放平等为弱势群体发声提供了空间，每个群体无法均衡地掌控所有的话语权，"意见领袖"及近期在微博上流行的营销号都是信息传播的主要扩散源和反馈声音，他们代表了一种容易被大多数群体接纳和认可的"舆论式回响"，使基于由点赞人数决定的热门评论的排位顺序，以及教育者希望通过倾听更多群体的声音扩大传播层次的矛盾更加激化。[①]

尽管"沉默的螺旋"在现实生活中随处可见，随着思想政治教育慕课的普及和新媒体使用群体的不断扩大，"沉默"与"高调"的对立愈演愈烈。人类的从众心理及"少数服从多数"这一定律认为，"沉默的螺旋"并非是一蹴而就的过程。作为社会人，学习者在学习思政慕课的同时愿意在互动板块上留下自己观看视频的"痕迹"，这种行为本身就是想参与互动的积极暗示，但如果观点始终得不到他人的认同和追随，或者由于时间关系被遗忘甚至被否定和排斥，他们则会默默地被动接受甚至故意迎合多数人对此视频的看法，淡化自己本来的意见，长此以往他们参与课程讨论和互动的积极性和自主性不仅会渐渐减少，而且也会使传授互动失去意义和价值。新时期的思想政治教育慕课教学者既要意识到仅凭数据洞悉受众

[①] 周丙锋，谢新水，刘星期. 高校微课中的教学要素及教学效果评价[J]. 现代教学技术，2015（9）：33.

需求的局限性，克服单一依靠后台反馈和数据监测实现机械式互动交流的技术壁垒，也要争取让更多不同的声音尤其是弱势群体的意见展现在公众视野，切实关心受教育群体的成长和发展，自觉提高课程内容的质量和价值，及时根据高校学生的思想动态，采取相应抵制恶意信息的入侵的措施，发扬被大多数人认可同时也符合现实背景的正确思想观念。另外，受众的趋同心理尽管因舆论导向的存在无法避免，各抒己见、畅所欲言的大数据环境也淡化了现实生活中"沉默的螺旋"的负面影响，促进了学习者话语权交替更迭和发言权范围不断扩大的趋势，有利于及时反思思想政治教育慕课的教学效果。

5.3.3.4 大数据时代下思想政治教育慕课教学核心目标在于培养合格社会主义接班人

培养理论认为，媒体提示的象征性现实对人们世界观的形成产生强大的影响力，传媒凭借某种倾向使人们头脑中构造的主观现实与实际存在的客观现实产生偏差，这种影响力的形成不是一个短期的结果，而是一个长期的、潜移默化的过程。思想政治课教育终归是社会或社会群体用一定的思想观念、政治观点、道德规范，对其成员施加有目的、有计划、有组织的影响的活动，其传播给学习者的信息必然代表了社会公认或教育者自身的某种倾向性，对学习者的意识形态加以引导和提示，来达到其将"合理的"价值观传播至所有社会成员的目的，并非完全按照学习者的意愿或信息需求进行对等的互动交流。传统思想政治教育课堂内容是思政慕课课程内容设置的来源，知识点只会精炼细致而本质不发生改变，只是传播载体和授课方式转化为思政慕课，于是通过思政慕课的第三方传递及自身长期的耳濡目染，大学生业已形成的观念来源和对外物的感知能力也相继步入正轨。因此，尽管公众会根据法律、道德、人情冷暖等价值体系做出评价，受思政慕课内容的传播影响，其观点会轻易与初衷意见出现偏差，这是因为思想政治教育工作者在课程中无形添加了代表自身或社会立场的观点。① 而在大数据思潮迸发的新时期，由信息数据极度膨胀所导致的信息爆炸、信息垃圾等异化现象，时刻左右着学习者对思想政治教育的正确认识，妨碍了传授互动过程的顺利进行。因此，在思政慕课

---

① 武晓静. 高校思政课"微课"及其有效运用研究［J］. 思想政治与法律研究，2015(10)：107.

教学中加强对信息的把关控制，确保信息来源的真实有效，成为提高思想政治教育慕课教学效果的重要环节。

思想政治教育工作者通过意识和行为的"双重培养"影响学习者对世界的认识，在现实生活中，人们很难根据没有亲身经历过的事情对事件的性质做出明确定义，往往通过视频所呈现的社会现象式事件情景再现等方式，对呈现内容加以评论与判断，一旦性质被颠覆或结局被扭转，此视频的真实性和公信度在公众心目中会大打折扣，乃至形成否定意见。传播学的"刻板印象"观点认为，公众对某一类事件实则存在某种群体性印象，这种印象在发生能够让其颠覆的事实之前不会改变公众的既有态度。如大街上的乞讨者会获得人道主义精神和社会道义的怜悯，而在"假骗假扮"行为被媒体曝光后，当传统观念面临冲击或被不法分子利用时，思想政治教育慕课必须针对此类事件即时给予重点阐释和解读，以维护主流意识形态的地位和社会思潮的稳定。因此，针对大学生思想观念尚未成熟且容易被错误思潮影响的现状，思想政治教育工作者须将思政慕课视频内容的真实性放在首位，而不应为了迎合某种社会现象或引出自身想表达的观点进行品质和道德绑架，要做到实事求是，尊重社会发展的规律和事实的客观性，尽可能地还原细节和尚存疑点的问题，使更多的学习者在"十四五"时期端正对社会的正确认识，提高自身的判断力和鉴别能力，实现思想政治教育活动的初衷与根本诉求。[①]

新媒体传播效果理论视角下的思想政治教育慕课教学归根到底就是基于增强传受互动效果的一次有意义的实践，在大数据时代信息化日益深入人心的条件下，思政慕课教学在思想政治教育的应用不仅是迎合科学技术对教育行业渗透的潮流和趋势，而且顺应了教育模式和教学形式与时俱进的时代要求，有助于促进思想政治教育工作观念的更新和教学理念的转型，为培养学习者自主学习的能力，搭建自主学习的平台提供契机。新时期，在坚守和把握传统思想政治教育工作基本原则和要求不变的情形下，合理利用大数据的信息资产，切实加大对思想政治教育慕课的推广和应用，才能始终保持高校思想政治教育工作与时俱进的生命力，以新姿态和新思维实现教育方法的有效创新。

---

① 谭雅颖."微课"在思想政治理论课教学模式中的研究与应用[J].湖南科技学院学报，2016（2）：108.

本章结语

　　以上各部分研究是有关思想政治教育大数据应用现况的反映与思考，但有可能因数据量庞杂的关系，难以全面进行阐述。因此，借由本章研究的回顾，发现大数据涵盖下思想政治教育应用领域的问题点，并找出探究未来发展的可能。未来，大数据时代数字化世界的渗透率也将持续提升，涵盖大学生思想政治教育工作各个领域中，将与实体世界共同共存演化。大数据为大学生思想政治教育工作带来既存的知识体系，更是大学生思想政治教育工作创新力的来源。因此，如何掌握数据，服务大学生思想政治教育工作成为具有高度共识的关键议题。

结语
大数据并非万能

　　大数据的风潮，使得巨量数据及其处理技术更唾手所得。巨量数据切合思想政治教育的实证研究方向，为思想政治教育创新研究带来了更多机会，得以广泛应用在个体和总体实证研究，但同时，我们也清楚地看到大数据时代的到来也给思想政治教育的发展带来新的挑战。

　　对思想政治教育学而言，巨量数据带来的挑战，主要是在衡量人的思想动态方法上的冲击。由于巨量数据的变数项太多，且变数之间关系复杂，很容易发生过适性的问题。因此，如何建立适用的高维度模型，并且有效地进行模型选择，是目前思想政治教育大数据分析研究方向努力的目标。此外，异质性也是巨量数据经常面临的问题，异质性使得研究者难以估计处置效果并推论因果关系。因此，另一个方向则是结合机器学习与因果推论两者，在既有的机器学习领域常用如 LASSO 法（lease absolate shrinkage and selection operator）、交叉验证、随机森林等方法的基础上，解决异质性问题，增进模型因果推论的效力。过往传统的方法多属于验证性的大数据分析，未来如何发展更适合探索性分析的计算方法，是另一个努力的方向。

　　思想政治教育大数据开放采集，有益于更严谨的学科政策讨论和学术研究，有助于揭示思想政治教育中蕴含的一般性规律，但如果能严格避免数据依赖性的问题，那么大数据研究才是具有深远意义的研究工作。因此，不得不去讨论这么一个隐忧：数据开放原先是为了学术研究及教育教学研究，但是数据的开放程度，也有可能反过来决定了何者会被研究、何者会被讨论的问题。学术研究、教育教学研究与数据开放三者间具有交互作用，如果某议题的数据欠缺，无法进行实证研究，也就无法形成严谨的科学结论。然而，数据开放的脚步并不是均等的，不同数据会遇到不同的障碍，既可能是技术上的，也可能是人主观行为上的，因此，数据可及性也在不知不觉间决定了目前学术研究或教育教学研究的议程，这是学者和整个社会在进行数据分析时，必须意识到的潜在隐忧。

但是无论是对思想政治教育研究者，还是在教学工作一线的研究政治教育工作者而言，大数据的兴起是值得兴奋的事，我们得以找到更多途径来研究更多思想政治教育问题。然而，一方面，我们也必须警醒数据分析存在某些天然限制，例如数据可及性会代替人类决定社会的关注焦点和决断：如果不进行严谨的因果推论，会做出错误的结论。另一方面，我们要高度警惕人工智能机器学习的问题，机器学习的预测结果看似中性且科学，但可能会变成"自我验证的预言"。因此，请诸位不要高估大数据对已经发生事实的准确概括与判定。举例来说，思想政治教育大数据若显示参与线上慕课学习并主动参与讨论的同学有较高的学习热情，这种结论若被当成"好学生"的依据，可能会导致教师对学习热情的同学加强关注，而使真正具备学习潜力的同学在大数据分析面前显得不再真实。虽然这样的问题不是大数据所独有，但这是从学习数据资料分析跨到教学策略时经常会遇到的问题，涉及了学生的真实学习能力问题，不可不慎。

参考文献

（一）中文专著

[1] 中共中央宣传部. 习近平新时代中国特色社会主义思想学习纲要[M]. 北京：人民出版社，2019.

[2] 马克思，恩格斯. 马克思恩格斯全集[M]. 北京：人民出版社，1995.

[3] 马克思，恩格斯. 马克思恩格斯文集：第1卷[M]. 北京：人民出版社，2009.

[4] 维克托·迈尔-舍恩伯格，肯尼思·库克耶. 大数据时代：生活、工作与思维的大变革[M]. 盛杨燕，周涛，译. 杭州：浙江人民出版社，2013.

[5] 梁剑宏. 大数据时代思想政治教育环境新论[M]. 北京：光明日报出版社，2015.

[6] 唐斯斯，杨现民，单志广，等. 智慧教育与大数据[M]. 北京：科学出版社，2015.

[7] 杰里米·里夫金. 第三次工业革命：新经济模式如何改变世界[M]. 张体伟，孙豫宁，译. 北京：中信出版社，2012.

[8] 德尔伯特·C. 米勒，内尔·J. 萨尔金德. 研究设计与社会测量导引[M]. 6版. 风笑天，译. 重庆：重庆大学出版社，2004.

[9] 夸美纽斯. 大教学论[M]. 傅任敢，译. 北京：教育科学出版社，2014.

[10] 石艳. 皮亚杰、布鲁纳教育名著导读[M]. 长春：吉林文史出版社，2016.

[11] 张耀灿，陈可柏. 思想政治教育学原理[M]. 北京：高等教育

出版社，2001.

[12] 维克托·迈尔-舍恩伯格. 与大数据同行：学习和教育的未来 [M]. 上海：华东师范大学出版社，2015.

[13] 杨现民，田雪松. 中国基础教育大数据2016—2017：走向数据驱动的精准教学 [M]. 北京：科学出版社，2018.

[14] 郭晓科. 大数据 [M]. 北京：清华大学出版社，2013.

[15] 方海光. 教育大数据：迈向共建、共享、开放、个性的未来教育 [M]. 北京：机械工业出版社，2016.

[16] 陈英，王贵珍，李侃，等. 编译原理 [M]. 北京：清华大学出版社. 2009.

[17]《思想政治教育学原理》编写组. 思想政治教育学原理 [M]. 北京：高等教育出版社，2016.

（二）期刊论文

[1] 张耀灿，钱广荣. 思想政治教育研究范式论纲：思想政治教育研究方法的基本问题 [J]. 思想教育研究，2014（7）：3－9.

[2] 胡树祥，谢玉进. 大数据时代的网络思想政治教育 [J]. 思想教育研究，2013（6）：60－62＋102.

[3] 李怀杰，夏虎. 大数据时代高校思想政治教育模式创新探究 [J]. 思想教育研究，2015（5）：48－51.

[4] 王海建. 大数据时代与高校思想政治教育的实效性 [J]. 高校辅导员学刊，2014（4）：37－40.

[5] 胡子祥，余姣. 大数据载体给思想政治教育带来的伦理挑战及对策 [J]. 思想政治教育研究，2015（5）：84－86.

[6] 刘国龙，陈波. 高校思想政治教育大数据平台运行机制探析 [J]. 思想政治教育研究，2016（3）：120－124.

[7] 黄欣荣. 大数据对思想政治教育方法论的变革 [J]. 江西财经大学学报，2015（3）：94－101.

[8] 孙耀佳. 大数据与思想政治工作研究 [J]. 西安政治学院院报，2015（3）：52－54.

[9] 刘磊，李壮，张鑫，等. 中文网络文本的语义信息处理研究综述 [J]. 计算机应用研究，2015（1）：6－10.

[10] 杨向东. 教育测量在教育评价中的角色 [J]. 全球教育展望，2007（11）：15－25.

[11] 李青, 张鑫. 区块链: 以技术推动教育的开放和公信 [J]. 远程教育杂志, 2017 (1): 36—44.

[12] 陈红莲. 网络传播环境下传播理论与高校思想政治教育的契合 [J]. 新闻知识, 2012 (2): 43—45.

[13] 梁家峰, 亓振华. 适应与创新: 大数据时代的高校思想政治教育工作 [J]. 思想教育研究, 2013 (6): 63—67.

[14] 吴婵. 关于微课对优化高校教学效果的思考 [J]. 科教导刊 (中旬刊), 2013 (10): 17—18.

[15] 孙忠良, 王飞霞. 高校思想政治理论课"微课"教学模式的研究与应用 [J]. 思想政治课研究, 2014 (6): 31—34.

[16] 韩谦. 高校思想政治理论教育中的"微课"运用探讨 [J]. 亚太教育, 2015 (25): 95—96.

[17] 陈华. 高校思想政治理论课教学中微课的开发与应用 [J]. 黑河学刊, 2015 (9): 110—111.

[18] 周丙锋, 谢新水, 刘星期. 高校微课中的教学要素及教学效果评价 [J]. 现代教育技术, 2015 (9): 30—36.

[19] 武晓静. 高校思政课"微课"及其有效运用研究 [J]. 思想政治与法律研究, 2015 (10): 107—108.

[20] 谭雅颖. "微课"在思想政治理论课教学模式中的研究与应用 [J]. 湖南科技学院学报, 2016 (2): 107—108.

(三) 英文文献

[1] Mcenery, A. M. & Wilson, A. *Corpus Linguistics: An Introduction* [M]. Edinburg: Edinburgh University Press, 2018.

[2] Bisazza, A. & Federico, M. A survey of word reordering in statistical machine translation: Computational models and language phenomena [J]. *Computational Linguistics*, 2016 (2): 163-190.